奥尔夫音乐教学法与中国传统音乐融合的教与思

王蓓蓓／主编

中国文联出版社

图书在版编目（CIP）数据

奥尔夫音乐教学法与中国传统音乐融合的教与思 / 王蓓蓓主编. — 北京：中国文联出版社，2022.9
ISBN 978-7-5190-4956-0

Ⅰ. ①奥… Ⅱ. ①王… Ⅲ. ①音乐课－教学研究－小学 Ⅳ. ①G623.712

中国版本图书馆CIP数据核字（2022）第166815号

主　　编　王蓓蓓
责任编辑　刘　旭
责任校对　吉雅欣
装帧设计　刘贝贝　李　娜

出版发行　中国文联出版社有限公司
社　　址　北京市朝阳区农展馆南里10号　　邮编　100125
电　　话　010-85923025（发行部）　010-85923091（总编室）
经　　销　全国新华书店等
印　　刷　北京四海锦诚印刷技术有限公司

开　　本　710毫米×1000毫米　1/16
印　　张　14.5
字　　数　231千字
版　　次　2022年9月第1版第1次印刷
定　　价　58.00元

编 委 会

主　编：王蓓蓓

编　委：田　梅　朱守琼　苏　婧　张　薇

序言

PREFACE

王蓓蓓老师主编的《奥尔夫音乐教学法与中国传统音乐融合的教与思》一书无疑给中国的音乐教育工作者带来了惊喜。何以见得？原因有三：

其一，奥尔夫音乐教学法风靡全球，很多音乐老师为此痴迷，追求各式各样、妙趣横生的教学方法，但是“知其所以然者”并不多。王蓓蓓老师带领的音乐教学团队没有盲目跟风，以敏锐的洞察力发现了这个问题，以奥尔夫教学法的中国化为主题申报课题、进行研究，不是单纯地模仿一些“有意思”的教学方法，而是探究奥尔夫音乐教学法背后的原理，反哺教学实践。

其二，奥尔夫音乐教学法的提出源自德国，学习时会受到文化差异的影响，一开始不容易理解其“原本性”的理念，但王蓓蓓老师的团队却悟出了奥尔夫音乐教学法的精神，即从音乐本体要素和音乐文化入手，用综合的手段全面育人，于是，她们的实践很自然地将奥尔夫音乐教学法的精神融入中国的音乐教学中，毫无“模仿”之嫌，能将“国外”教学法“中国化”，这一点是值得敬佩的！

其三，奥尔夫音乐教学法仅仅中国化还不够，还要结合我国音乐课程标准的要求才能融入中小学音乐教学中。该书的每个课例都基于《义务教育音乐课程标准》的三维目标，使用中国传统音乐作品，渗透音乐学科核心素养，吸纳奥尔夫音乐教学法中的声势参与、乐器参与、综合性艺术表演等手段，引领学生参与聆听、感受、探究、模仿、合作，正如这本书的名字，奥尔夫音乐教学法与中国传统音乐，与中国基础音乐教育实现了“你中有我，我中有你”的融合。

何以有以上感触？我曾经在美国学习奥尔夫音乐教学法，最大的感受是：我学习的意义是什么？我如何将这么好的教学方法运用到中国的基础音乐教育中？王蓓蓓老师主编的这本书似乎给了我最好的答案。以我的资历，本不敢贸然作序，却欣然同意，原因就在于我希望把好的东西分享给更多的人。

更为实际的是，这种教学的探索，带动了一大批年轻教师钻研音乐教学，以王蓓蓓老师名师工作室为平台，辐射、引领着越来越多的音乐教师，使越来越多的学生受益，践行着音乐教育“以美育人，以文化人”的初心和使命。

是为序。

涂金伟

2022年3月18日

目录

CONTENTS

第一篇
八音迭奏雅乐作之民族乐器篇

第二篇
琴弦管鼓西洋情之西洋乐器篇

第三篇
南腔北调乡韵声之戏曲民歌篇

第一篇

八音迭奏雅乐作之

民族乐器篇

《小青蛙》教学实录与评析

合肥市兴华苑小学　丁梦娜

【课型】

音乐欣赏课

【教学内容】

人音版小学音乐一年级上册第六单元《小精灵》
第二课时《小青蛙》

【教材分析】

《小青蛙》由徐仪作曲。乐曲取材于山东菏泽地区的一首民间儿歌《花蛤蟆》。

二胡齐奏曲《小青蛙》的作者正是抓住了民歌《花蛤蟆》的特点进行创作的。乐曲的第一部分是单三部曲式结构。主题展现后，变化重复了一遍，随后转入抒情小段，接着又是主题再现。它主要描绘了一群可爱的小青蛙在绿色的田野里尽情地唱歌跳舞，生动而活泼。

乐曲的第二部分也是单三部曲式结构。它以紧张而快速的二胡拨弦开始，音乐把人们带入夜色茫茫的田野。这时，天空下起了蒙蒙细雨，然而，小青蛙们却仍在愉快地玩耍。雨越下越大，还夹杂着狂风。作者为了更形象地表现这一切，使用了二胡新的演奏技巧“双弦半音渐进”。接着，二胡连续演奏滑音式的“风声”效果，旋律主题转入钢琴伴奏中。钢琴浑厚的低音表现出小青蛙们并没有被暴风雨所吓倒，它们时而游入水中，时而蹦上田埂，玩得更加起劲儿了……雨过天晴，二胡长时值的泛音好似雨后那薄薄的云雾笼罩着朦胧的大地，渐渐地，云雾散开了，一声鸡叫，划破长空。二胡采用单根弦滑奏，模仿鸡叫声。大地苏醒了，小青蛙们终于战胜了狂风暴雨的袭击，又开始欢唱起来。

乐曲最后部分变化再现了第一部分，但情绪更加热烈，旋律变得十分花哨。随着乐声的渐弱，小青蛙们远去了，但依然在歌唱、欢舞……

【学情分析】

一年级学生以形象思维为主和好奇、好动、模仿力强的身心特点，可以体验不同情绪的音乐，能够自然流露出相应表情或做出体态反应，能够说出音乐情绪的相同和不同。一年级学生从整体上的差异不是特别大，经过一学期的学习，班级上一些表现非常棒的学生，可以起到很好的带头作用。

因为一年级学生还是以形象思维为主，所以教师可采用奥尔夫音乐教学法的律动舞蹈、儿童剧表演、集体游戏、乐器等相结合的综合手段，进行直观教学，为学生提供亲身参与音乐实践活动的机会，让学生在欣赏活动中，根据自己的情感体验进行个性化的情感表达，更好地让学生融入音乐中。

【教学目标】

1. 学生通过聆听乐曲，感受音乐所表现的大自然中小精灵的美好形象，激发学生对大自然的热爱之情。

2. 通过奥尔夫音乐教学法中的体态律动、哼唱、创编等艺术实践活动，充分地聆听音乐作品，感受音乐三个乐段的画面。

3. 能准确地说出音乐中相同的部分。

【教学重点】

1. 能分辨出音乐中的相同部分。

2. 认识二胡，聆听二胡的音色。

【教学难点】

能够通过肢体动作，哼唱，编创打击乐器，感受每一段音乐主题的情绪与画面。

【教学时间】

一课时

【教学准备】

多媒体、自制奥尔夫打击乐器、表演道具

【教学过程】

（一）课堂导入

1. 聆听二胡模仿的动物叫声，让学生猜是哪些小动物的声音

师：欢迎大家来到今天的音乐课堂，听一听，远处传来了谁的声音？（播放音频）

生：有小鸟、有马儿、有小猫、有小狗。

师：哦，有马儿，小鸟，小猫……哦，还有小狗呢。那你们知道吗？这些小动物的声音其实都是由同一种乐器模仿的，它是什么乐器呢？

2. 介绍二胡

播放介绍二胡的微课。

师：原来咱们传统乐器二胡的魅力这么大，那接下来，它又在模仿谁呢？（播放PPT音频：二胡模仿青蛙的叫声）

生：小青蛙。

3. 揭示课题：《小青蛙》

师：对了，是可爱的小青蛙。那今天就让我们一起来学习二胡齐奏曲《小青蛙》。

板书课题：《小青蛙》

设计意图：导入环节通过精美课件和老师的情境描述，先将学生带入到情境中。再通过故事描述和聆听二胡模仿的小动物叫声，引入今天的主角“二胡”，让学生在情境中初次感受二胡的音色。利用微课的形式介绍二胡，对于低年级学生来说是十分有效的方法，可以集中学生的注意力，更直观地介绍二胡。

评析：课堂导入要符合学生的思维形式，才能达到更好的效果。小学一年级学生正处于具体形象思维阶段，教师在课堂中通过较为直观生动的展示，可以更好地引起学生的兴趣，激发学生主动思考的能力，使课堂氛围变得积极主动，学生的思维更加活跃，有利于提高课堂效率，创造生动的教学环境。在本课《小青蛙》的教学中，我引导学生仔细聆听二胡模仿的不同动物的叫声，使二胡这种乐器在学生的脑海中更加生动形象，引起学生对二胡这种传统乐器的兴趣，再通过二胡模仿的青蛙叫声，导入本课的主题，即二胡齐奏曲《小青蛙》。情境声音的导入，更容易引起学生对二胡的兴趣，让本课的主题“小青蛙”的形象更加深入人心，为下一阶段的教学打好基础。

（二）聆听《小青蛙》

1. 聆听第一乐段

（1）学唱乐曲主题旋律

师：傍晚，一只小青蛙出来了，听……（教师清唱主题旋律，并做动作）咦，它在干什么呢?

生：小青蛙在唱歌跳舞。

师：同学们，那你们想一起跟小青蛙学一学吗?

生：想。

师：那先让我们来学习小青蛙是怎么唱歌的！（老师清唱主旋律，多次慢速教唱）

师：再让我们一起来跟小青蛙跳舞。（多次慢速教舞蹈动作）

师：同学们，合起来练一练吧。

（2）第一遍聆听第一乐段

师：现在让我们一起来聆听乐曲的第一乐段，这里老师有个小任务，请你们听一听，刚才我们学习的这段旋律出现了几次呢？（播放音乐，老师给予动作提示）

师：你们听出来出现了几次吗？

生：三次。

师：真棒！是的，出现了三次。

（3）第二遍聆听第一乐段

师：那在下一遍聆听时，当同学们听到相同旋律时，我们一起唱刚刚学习的旋律和做动作，同时思考小青蛙正在做什么呢？

师：小青蛙在做什么呢？

生：在唱歌、在跳舞、在荷叶上蹦蹦跳跳、在跟小伙伴打招呼……

师：哦，有的同学说小青蛙在唱歌跳舞，有的同学说小青蛙在呼唤朋友们，还有的同学认为它们在荷叶上蹦蹦跳跳。你们说得真好，这里呀（出示第一乐段剧情图片）小青蛙们，趁着夜色唱着歌，跳着舞呢，多么欢乐的场面。

设计意图：利用奥尔夫教学法让学生用唱歌和律动去记忆第一乐段中的主题旋律，找到重复的部分，感受第一乐段的音乐形象。奥尔夫教学法可以让学生摆脱枯燥，也不再只是被动地聆听。通过故事的引导，可以让全体学生主动的“动”起来，学生必然会沉浸在故事般游戏的欢快之中，使他们在不知不觉中接受综合音乐能力的训练。

评析：一年级学生具有好奇好动、喜欢模仿的特点，注意力包含兴趣性较多，注意力集中时间较短，教师在教学过程中要避免冗长枯燥的讲课，取消死板生硬的传统技巧教学，拒绝生搬硬套的授课形式，灵活运用奥尔夫教学法，活跃课堂氛围，让学生“在玩中学，在学中玩”，为学生音乐欣赏能力的发展提供无限的想象空间。让学生作为教学的主体，积极参与到教学中来，奥尔夫教学法可以更好地使学生融入教学，把音乐和肢体动作、舞蹈语言紧密结合在一起。对于一年级学生来说，声带发育还不成熟，但动作和听觉的发展已经成熟，通过肢体模仿和舞蹈语言，让学生更容易理解节奏和韵律，感受到音乐的魅力。在引导学生聆听第一乐段时，我先慢速带领学生学唱主旋律，再让学生学习主旋律的舞蹈动作，运用动静结合的教学方法，通过舞蹈的融入，让学生边唱边跳的同时切身感受主旋律的节奏和律动，加深学生对主旋律的印象，使主旋律形成一个独特的记忆点。在第一遍聆听第一乐段时，我通过给学生布置任务的形式，引导学生找出主旋律的同时加深印象。第二遍聆听第一乐段时，用问问题的方式启发学生思考，通过舞蹈继续加深学生对主旋律的印象，同时展示第一乐段的剧情图片，运用音画结合的教学方法，使音乐形象变得十分立体，学生可以全身心融入第一乐段的音乐中。

2. 聆听第二乐段

（1）第一遍聆听第二乐段，感受音乐中的天气变化

师：不知不觉夜已经深了，突然……天气变了！你们想知道天气发生了什么样的变化吗？你们都听到了什么声音？让我们去第二段音乐中找一找。（播放第二段音乐）

（2）模仿第二乐段中大自然的声音

① 分别模仿风声、雨声、公鸡打鸣的声音。

师：你们都听到天气发生了什么样的变化？

生：大风、雨、公鸡打鸣……

师：哦，狂风暴雨！因为我们听到了风声、雨声，还有公鸡打鸣的声音。这些声音都是用二胡表现出来的，其实，我们自己就可以来模仿这些大自然的声音，谁来模仿一下雨声？（请学生来模仿雨声，再来介绍用弹舌模仿的雨声，带同学们一起练习）

师：谁再来模仿一下风声？（请学生来模仿风声，教师提示风声有大风，有小风，带动同学们一起模仿）

师：那其实我们的风声还可以用我们身边的东西来模仿，你们听一听，这是不是也是风声呢？（拿出纸）

师：在刚刚的音乐中，我们还听到了公鸡打鸣的声音，哪位同学来模仿一下大公鸡呢？（请学生模仿，老师提示公鸡的动作，大家一起来学习模仿）

② 所有动作分组，按照老师的指挥依次进行练习。

师：那现在老师就来分组，第一组同学用弹舌模仿雨声，第二组同学用动作模仿公鸡打鸣声，第三组同学用纸来模仿风声。

（3）第二遍聆听第二乐段，跟着音乐分组做律动

师：下面，让我们一起跟着音乐练一练吧。（教师给予提示）

（4）再次聆听第二乐段，跟着音乐做律动，再次感受音乐画面。

师：你们都学会了吗？让我们一起呈现这风雨交加的夜晚。

设计意图：用奥尔夫音乐教学法中的打击乐器、律动、人声，感受第二乐段音乐画面天气的变化。在奥尔夫的教学中打击乐器音色鲜明，富于幻想性，这很适合小孩子的好奇心，再者打击乐器容易掌握，避免学生的技术负担。奥尔夫打击乐器的运用非常广泛，可以与表演、舞蹈相结合起来运用，在置身于“玩”乐器的过程中去感知音乐，感受音乐的形象画面。

评析：在奥尔夫教学法中，奥尔夫乐器是一种独特的教学道具，它不同于传统教学中的乐器形式，除了常见的木制、金属、鼓和散响类型，还有人声模仿以及自制乐器。人声模仿具有独特的灵活性和技巧性，如我国的非物质文化遗产“口技”。自制乐器则是一种使用非常广泛的乐器种类，它取材于我们身边的常见物品，如易拉罐、纸杯、纸箱等，相较于其他类型乐器，自制乐器表现的声音节奏类型更加特殊，更加接近自然，在不同的音乐中使用可以达到更好的效果。在引导学生第一遍聆听第二乐段时，我通过问问题的方式让学生思考乐段中二胡所模仿的不同种类的天气形式，让学生体会到乐段韵律的变化。简单地教学如何用人声和自制乐器模仿风声、雨声和公鸡打鸣的声音，增加了学生学习的趣味性，调动学生学习的积极性，使教学过程极具丰富性。在学生熟练掌握后，给予鼓励和表扬，随后分组进行表演，锻炼了学生的节奏感知，培养了学生之间的团队协作能力和集体意识。第二遍和第三遍聆听第二乐段，运用练习法，通过反复练习，增强了学生的节奏能力和乐感，加深了学生对乐段的理解和感悟。

3. 聆听第三乐段

（1）第一遍聆听第三乐段

师：小青蛙们伸了伸懒腰，请你听一听，这段音乐和之前哪一段音乐相似？

生：第一乐段。

（2）第二遍聆听第三乐段

师：是的，跟第一段的旋律基本相同，但是它跟第一段的情绪可不一样了，小青蛙在雨过天晴后，它的心情是如何的呢?

师：在这里，同学们请起立，当你听到跟第一段相同旋律的时候，我们一起做动作。

师：小青蛙在这里的心情是如何的?

生：更加开心快乐。

师：是的，雨过天晴，小青蛙们更加开心，又在一起唱起了歌，跳起了舞，真是一片欢闹的场面。

设计意图：第三乐段是重复第一乐段，但是在速度和情绪上还是有所不同。在聆听的时候先让学生自己去聆听感受，听一听第三乐段与哪一乐段相同。老师用故事情节引导学生听出第三乐段与第一乐段在速度和情绪上的不同，可以让低年级学生更加快速地融入音乐，感受音乐。

评析：通过之前的学习，学生已经熟练掌握了本课二胡齐奏曲《小青蛙》中的主旋律和第一乐段、第二乐段，并能跟随音乐做简单的律动和声音的模仿。第三乐段属于再现部中的变化再现，对第一乐段的内容做了适当的变化和展开。在第三乐段的教学中，老师要尽可能地引导学生细心聆听乐段，体会变化再现与前两乐段不同的画面和情绪。聆听第三乐段时，我通过问问题引导学生发现乐段相同的地方，再通过跟随音乐舞蹈让学生体会到雨过天晴后小青蛙的心情变化，使学生对小青蛙情绪变化的感受更加深刻，对主旋律的掌握更加熟练。

4. 完整聆听全曲

（1）第一遍完整聆听全曲。总结三个乐段，带学生回忆每一乐段的画面，复习每一乐段的活动

师：今天，我们欣赏了这首好听的二胡齐奏曲《小青蛙》，它主要由三个部分所组成，第一部分小青蛙们迎着夜色尽情歌唱舞蹈，这里我们是用歌声和动作来表现的，我们一起来做一做。

第二部分我们用身体律动和声音来表现风雨交加的夜晚，还记得每一组都

是如何来表现天气的吗？让我们一起再来感受一下吧！

随着公鸡的鸣叫，新的一天到来，第三部分和第一部分相似，小青蛙们更加开心地欢闹了，我们可以和第一部分一样，用歌声和动作来表现。

师：现在就让我们完整聆听全曲，走进这欢闹的夜晚。（播放制作的乐曲动画视频）

（2）第二遍完整聆听全曲，加上道具（荷叶和公鸡头套），再次感受乐曲

师：同学们表现得非常好，那老师也忍不住为我们的荷塘进行装饰。老师带来了荷叶，还有公鸡的头套，现在我们找三位小朋友来拿着荷叶，找一位小朋友来扮演大公鸡。

装扮好了荷塘，现在就让我们一起再来感受这风雨交加的夜晚吧！

设计意图：通过老师对每一乐段故事的描述，让学生对整首乐曲有一个整体的故事情节的感受，再利用奥尔夫音乐教学法中的律动、声效等来体会每一乐段的音乐画面。在奥尔夫音乐教学法中，可以利用道具的情境教学，让学生更有代入感，增加戏剧创造力。

评析：课堂中的教学需要不断重复巩固练习才能达到最好的效果，音乐欣赏课更是如此。学生可以在练习中更加熟练地掌握乐曲及其主旋律，从而提高课堂效率。在第一遍完整聆听全曲时，我带领学生把之前学习的歌声和动作相结合，律动和声音相结合，完整地练习一遍，增强了本课《小青蛙》的整体性，巩固了之前的教学内容，使学生对本课的理解更加全面生动。

在奥尔夫教学过程中，为了使学生全身心地投入到音乐世界，加入简单的儿童戏剧扮演元素，通过增加不同种类的扮演道具，使主题形象更加丰满，环境更加丰富，增加学生代入感，让学生身临其境，对音乐的理解也进一步加深。在第二遍完整聆听全曲时，我提前准备了荷叶和公鸡头套的道具，通过一边扮演一边聆听，激发学生的课堂积极性，培养学生的创造力和团队协作能力，增强体验感，让学生在愉悦的氛围中完成乐曲教学。

（三）升华总结

师：今天我们班的小朋友可真是一群可爱的小青蛙呀。欢乐的时间总是短暂的，今天我们认识了中国民族乐器——二胡，在它的诠释下，感受到了音乐的魅力，多姿多彩，今后，我们还将认识更多的民族乐器，感受不同的风采。

今天的课就到这里，再见。

评析：音乐欣赏课能帮助学生提高音乐素养，如何上好音乐欣赏课成为了许多教师研究的目标。由于一年级学生年纪较小，较为感性，并且活泼好动，传统意义的欣赏课很难让学生理解乐曲，感悟乐曲。奥尔夫音乐教学法是让学生参与进来的教学法，通过与音乐欣赏课的结合，可以达到“参与式欣赏”的教学效果，进一步改善音乐欣赏课的学习效率。学生通过唱、舞蹈、律动等方式可以获得更加直观的感悟，从而可以达到“欣赏”的目的。在音乐欣赏课中，教师要采用正确合理的方式引导学生，启发学生主动独立思考，使学生保持思维活跃，心理活动始终处于积极兴奋的状态，给学生留下深刻的印象，使教学效率显著提高。

二胡作为我国传统拉弦乐器，在民乐中使用十分广泛。它的音色多变，表现力极强，具有浓郁的民族特色。在本课的二胡齐奏曲《小青蛙》中，二胡把小青蛙的情绪变化以及天气、环境变化表现得淋漓尽致，生动活泼，结合奥尔夫教学法，让学生在课堂上充分体会到了民间儿歌的情感与魅力。

【名师点评】

王蓓蓓：高级教师，安徽省特级教师，合肥市小学音乐教师培训基地领衔名师，合肥市王蓓蓓小学音乐教育名师工作室领衔名师，合肥市音乐学科带头人。

丁梦娜老师将二胡齐奏曲《小青蛙》一课设计成以音乐欣赏为主，同时将奥尔夫教学法的特点与音乐欣赏课结合起来，使难度较高的音乐欣赏课变得生动活泼，教学内容更加丰满立体。教师在教学中紧紧围绕“小青蛙”这一主题，在一次次聆听音乐中，带领学生跟着音乐做律动，用简单的自制乐器体会二胡在全曲中的旋律变化。在教学过程中，教师按照合适的教学计划，有目的地设计了层层递进的教学活动和问题，使简单的聆听音乐变得具有较强的活动性和趣味性，引导学生在参与中学习知识，欣赏音乐。

本节课开始时，教师为学生创设了活泼愉快的氛围。通过引导学生仔细聆听二胡模仿的不同动物的叫声，以及播放PPT音频二胡模仿青蛙的叫声，进行情境导入，使学生在充满学习兴趣的状态下进入教学；通过带领学生学习主旋律的舞蹈动作，来加深学生对主旋律的印象；在后续聆听乐段时展示第一乐段的剧情图片，运用音画结合的教学方法，并通过自制乐器和人声模仿带领学生感悟音乐。在完整聆听全曲时，更是创新地引用了简单的儿童戏剧扮演元素，增强了学生的代入感和体验感，把较为平面的知识融入于课堂活动中。教学思路清晰，课堂感染力强，语言得体到位，在课堂中和学生一起演奏、歌唱、表演，与学生形成和谐平等的朋友关系，表现了教师独特的亲和力。

授课教师简介

丁梦娜

一级教师，教龄6年，合肥市兴华苑小学音乐教师、少先队大队辅导员、合唱团常任指挥，合肥市王蓓蓓小学音乐教育名师工作室成员。2015年获得第五届德育文化艺术节“扬歌声”比赛特等奖；2015年参加“合肥市中小学音乐教师合唱与合唱比赛”获得一等奖；2015年参加 “合肥市中小学音乐教师合唱指挥比赛” 获得优秀指挥奖；2016年参加新站区“信息技术多媒体教学应用大赛”第一名；2018年新站区“第二届中青年教师课堂教学基本功大赛”一等奖；2018年“合肥市小学音乐教师基本功（合唱指挥）”二等奖；2019年“一师一优课”获得省优；2021参加“合肥市中小学文化艺术节合唱专场”一等奖。

《赛马》教学实录与评析

合肥市红星路小学　王蓓蓓

【课型】

音乐欣赏课

【教学内容】

人音版小学音乐三年级上册第2课《草原》
第三课时《赛马》

【教材分析】

《赛马》是作曲家黄海怀先生于1959年创作，乐曲的结构是比较常见的单三部曲式。乐曲以其磅礴的气势、热烈的气息、奔放的旋律而深受人们喜爱。无论是气宇轩昂的赛手，还是奔腾嘶鸣的骏马，都被二胡的旋律表现得惟妙惟肖。音乐在群马的嘶鸣声中展开，旋律粗犷奔放。由远到近清脆而富有弹性的跳弓，强弱分明的颤音，描绘了蒙古族牧民欢庆赛马盛况的情形。二胡快弓、跳弓技巧的运用，拨弦、颤音技巧的运用，在我们面前展现了一幅生动热烈的赛马场面。黄海怀先生是当代著名的二胡演奏家、作曲家，生前曾是武汉音乐学院（当时叫湖北艺术学院）的教授。

《赛马》乐曲快慢结合，节奏颇有韵律，既有悠闲的骑马散步，亦有紧张的策马奔腾，情绪时而惬意，时而紧迫，紧紧地吸引着聆听者，令人久久回味不能忘怀。乐曲充满了故事性，让人能从乐曲中领会故事的发展，体会乐曲的意境，颇具趣味性，深受聆听者的喜爱。

【学情分析】

三年级的学生性格活泼，好奇心强，善于模仿，且课堂表现力强，但由于年龄尚小，专注度略有不足，部分学生自我约束能力不够，课堂教学中需要多关注。三年级学生在音乐素养方面，已经具备了一定的音乐感知力，对音乐节奏、速度、情感等音乐要素有一定的了解，并能够进行准确的表述；开始对音乐有一定的理解，愿意发表自己的见解，这个年龄阶段的学生音乐思维活跃，创造力强，常在课堂上有特别的发现，教师要善于鼓励、引导学生发散思维，激发他们的创作、创意和创新。

【教学目标】

1. 学生通过欣赏二胡独奏曲《赛马》了解我国优秀的民族音乐及乐器二胡的魅力，增强学生的民族自豪感。

2. 通过欣赏，体验乐曲热情奔放的情绪，感受蒙古族人民粗犷豪迈、勇敢自信的品质，以及他们对家乡的热爱之情。

3. 能用声势、动作、演唱等奥尔夫音乐教学法的形式表现乐曲的情绪变化，增强表现音乐、理解音乐的能力。

【教学重点】

引导学生能感受到乐曲表现的各个场景。

【教学难点】

引导学生能用不同的音乐形式来表现乐曲。

【教学过程】

（一）导入新课、初识全曲

1. 观看“那达慕”大会视频，让学生走进蒙古族

师：同学们好！今天和平时不太一样，咱们先不听音乐也不唱歌，来一

起观看一段视频吧！观看时也请同学们思考一下，这是哪里的人？他们在做什么？（观看“那达慕”大会视频）

生：这是内蒙古的人们，他们在聚会，像是庆祝活动，有摔跤、射箭和骑马。

师：是的，这就是内蒙古一年一度的“那达慕”大会。（介绍“那达慕”大会）每年七八月举行的“那达慕”大会，是蒙古族人们为了庆祝丰收而举行的文体娱乐大会。“那达慕”大会是蒙古族历史悠久的传统节日，在蒙古族人民的生活中占有重要地位。“那达慕”，蒙语的意思是娱乐或游戏。“那达慕”大会上有“三艺”——赛马、摔跤、射箭，还有引人入胜的歌舞。作为马背上的民族，蒙古族的孩子从小就要学习传统的“男儿三艺”。2006年5月20日，“那达慕”更是经国务院批准列入第一批国家级非物质文化遗产名录。今天老师也给同学们带来一段在“那达慕”大会上表演的舞蹈，大家仔细观察老师的这段舞蹈和“三艺”有什么联系吗？

设计意图：一节课的起始阶段通过观看视频吸引学生的注意力，并通过视频了解内蒙古地区的风土人情，为即将开始的乐曲欣赏奠定基础；在教师表演舞蹈前提出问题，提高学生观看教师表演的专注度，并积极进行思考，找到问题的答案。

2. 教师表演蒙古舞《赛马》片段

师表演完毕后提问：老师刚才表演的舞蹈，你发现是“三艺”中的那一项了吗？

生回答发现：像是在赛马。

师：对，老师刚才表演的这段舞蹈就是赛马！从老师的表演和所用的音乐中，你能感受到赛马的气氛吗？是什么样的？描述一下。

生1：赛马的气氛非常热烈，所以这首乐曲让我们感受到激烈、奔放、热情，还有一点紧张感。

生2：这段音乐让我也感受到了比赛的紧张，仿佛能看到大家你追我赶的画面，这段乐曲的速度很快，应该就是赛马的速度吧！

师：是的，老师表演所选用的这段乐曲，名字就叫作《赛马》，是我国著名的作曲家、二胡演奏家黄海怀先生创作的一首二胡独奏曲，描绘了蒙古族牧民在节日里赛马的激烈场面。老师表演的是其中一小部分，接下来的时间，我想和大家一起去听一听这首《赛马》，我们一起来体会一下乐曲带给了我们什么样的感受。

设计意图：通过教师的表演，让学生直观感知蒙古族骑马舞的基本动作，了解骑马舞动作种类，产生对舞蹈表演的兴趣，从而为乐曲欣赏过程中的舞蹈或动作表演模块奠定基础；同时，初步感受乐曲主要的节奏、速度特点。

评析：上课伊始阶段采用了视频导入的方法，从学生的兴趣出发，吸引学生的注意，提高上课的关注度。此外，三年级的学生在以往的学习中接触的蒙古族的歌曲或乐曲不多，因此对蒙古族音乐特点了解很少，通过“那达慕”大会的视频也可以让学生对蒙古族这个少数民族有更多的了解，为接下来的聆听与思考奠定基础。这一教学过程中更注重学生本身的体验，更倾向于学生体验的表达，这一方面也体现了奥尔夫音乐教育思想的人本主义基础。

（二）聆听全曲

1. 了解主奏乐器二胡

师：在欣赏《赛马》之前，我想先考考大家，你们对乐曲的主奏乐器——二胡有什么了解呢？

生1：我知道二胡是用弓拉奏的乐器，一般都是坐着拉奏，有时候也有人会站着拉，但是不知道二胡是怎么固定的。

生2：我知道二胡是一种民族乐器，声音听起来比较委婉。

师：同学们的回答很棒，你们的知识面很广哦！而且，第二位同学用委婉来形容二胡的音色也很贴切，当然二胡除了能够演奏比较委婉的音乐之外，也可以演奏比较激烈的音乐哦！那二胡究竟是一种什么样的乐器呢？老师给大家带来了一个微视频，大家从这个微视频里就可以找到答案了！（观看二胡介绍微视频）

师：看完这段视频，你们对二胡又有了什么了解呢？说一说吧！

生1：二胡是中国古老的民族拉弦乐器之一。关于二胡的起源最早可以追溯到唐代，但对于二胡最早的记载是在宋朝，称二胡为胡琴或南胡。在沈括的《梦溪笔谈》中称“马尾胡琴随汉车”，这是最早关于胡琴的文字记载。二胡一直是戏曲的伴奏乐器。

生2：二胡有琴头、琴轴、琴弦、琴杆、琴弓、琴筒和琴托，琴师演奏二胡时多数采取坐姿，左手持琴，右手持弓。

生3：二胡的音域可达三个八度，有着丰富的表现力，接近于人声的音色，是一种富于歌唱性的乐器。

2. 初识乐曲

师：接下来，我们就完整的聆听一遍这首二胡独奏曲《赛马》，请同学们感受一下这首乐曲带给我们的激烈、奔放、热情、紧张的情绪。（聆听全曲）

师：听完全曲后，大家来说一说，这首乐曲始终都是赛马时的紧张情绪吗？

生：不是的，我感觉有时紧张，有时悠闲。

师：为什么有这样的感受呢？我们来继续往下听。

设计意图：教师口述二胡的知识，显得较为死板，学生学习兴趣不高，以微视频的形式更直观，内容更丰富，更易于让学生接受。在对主奏乐器有更深的了解后再完整的聆听全曲，更有益于学生感受乐曲、了解乐曲、理解乐曲、享受聆听。

评析：微视频由教师亲自制作，能够把握适合的知识内容，选取学生乐于接受的知识内容，同时视频解说的声音来源于教师本人，能够拉近与学生的距离，极具有趣味性，也和课堂教学完美结合；观看微视频前，适当提出思考内容，可以让学生集中注意力，并从微视频中迅速记下相应知识点，观看后立即启发回答，回顾在观看过程中的收获，起到知识点二次复习的作用，让学生对相关知识记得更牢，收到了良好的效果。在获得二胡这一主奏乐器的相关知识后，学生除了从乐曲的旋律中对音乐有所感知，也可以通过主奏乐器的演奏技巧、音色中有所体会，体验更加丰富。

（三）分段聆听

师：同学们，这首乐曲其实由好几个部分组成，我们想进一步了解这场赛马究竟是怎么进行的吗？就让我们来依次听一听吧！

1. 聆听第一乐段

（1）聆听，体会第一乐段场景——赛马开始

师：听完后，大家感觉这段好像是在表现什么？

生1：感觉像是赛马刚刚开始，大家飞快地冲出起点。

生2：我就感觉大家都跑得特别快。

师：老师的感受也跟你们差不多，我也觉得这一段很像是大家听到发令声响，一下子冲出起点，奋力奔跑的样子。但是，你们有没有听出来这段音乐是有强有弱的呢？这又在表现什么？

生1：我觉得乐曲有强有弱是不是想表现赛马的争先恐后，铆足了劲儿向前冲。

生2：我觉得我好像看到了一会儿这匹马跑到前面，一会儿又被另一匹马追上了，不到最后都不知道谁会跑第一！

师：同学们的体验太棒啦，听你们这么描述我也仿佛看到了这样激烈的场面，太过瘾了！

（2）找出乐曲的使用的打击乐器

师：对了，我们再仔细聆听一遍这个片段，听一听除了二胡之外还有什么打击乐器出现了？它们分别表现了什么？

（再次聆听第一乐段）

生1：我听到了响板的声音，很像是马蹄声。

生2：我听到了摇铃的声音。

师：是的，这段音乐中还伴随了响板和手摇铃的伴奏声，响板模仿了赛马奔跑的马蹄声，而手摇铃的声音则是赛马脖子上挂的马铃的声音。今天老师带来了一些手摇铃，请大家来尝试一下为这段乐曲配上铃声吧。

（学生试奏手摇铃）

师：除了马铃声，还有马蹄声我们可以演奏吗？可是，老师这里并没有准备响板，你们动动脑筋看看怎么解决这个问题？

生：老师，我们是不是可以用手指敲击积木凳来发出类似的声音？

师：这个想法太好了，那你为什么不直接拍积木凳呢？

生：因为我觉得马蹄声比较清脆，直接用手掌拍，声音比较大，手指敲击的声音会清脆一些，也不会太大声。

师：你的考虑太棒了，我们一起为你点赞！那么其他同学，我们就按照他说的方法一起来试奏一下吧！

$$\frac{2}{4}\ \mathrm{X}\ \ \mathrm{X}\ \big|\ \mathrm{X}\ \ \mathrm{X}\ \big|$$

（学生用手指敲击积木凳试奏模仿马蹄声）

（学生表演）

（3）说一说你在聆听、表演后的感受

师：聆听完第一乐段后，你有什么整体感受呢?

生：这段乐曲节奏紧凑、速度很快，特别有紧张感，感受到大家必须集中注意力，才能在赛马中取得胜利，稍不留神就落后了。

师：是的，这段乐曲是全曲的第一乐段，表现了赛马的第一阶段，所有的骑手与赛马冲出起点，争先恐后地奋力奔跑，赛马开始了!

（出示第一乐段标题：赛马开始）

设计意图：充分发掘学生自主学习的能力，让学生自己从聆听中寻找答案，并且准确表述出来，也让学生通过回答问题，发表自己的想法与其他同学达成共识。在为乐曲配伴奏中，提高伴奏难度，要求学生自己创造伴奏条件，用身边的物品模仿出需要的音响效果，充分相信学生，对他们的创作、创新予以肯定。

评析：奥尔夫音乐教育的“原本性”理念中的一个要素就是行为层，要求学生不是完全来作为听众，而是要成为其中的演奏者参与进去。在这一部分聆听中，教师善于启发学生思考，并鼓励学生敢于发表自己的想法，发挥了学生在课堂的主体作用。同时，打击乐器的运用及创编也是奥尔夫音乐教学法的重要组成部分之一，在这一阶段中，教师启发学生使用手摇铃模仿马铃声为乐曲伴奏，更值得一提的是，学生通过自己的创造和创新，采用了手指敲击积木凳的方式模仿马蹄声为乐曲配伴奏是非常好的一种音乐体验。

2. 聆听第二乐段

（1）聆听，体会第二乐段场景——勇敢拼搏

师：大家骑着马儿冲出了起点，我们接下来再来听一听，赛马继续到哪一步了?（聆听第二乐段）

师：第二乐段其实是我们整首乐曲的主题乐段，它的旋律清晰，线条明显，听完了这一部分，大家又有什么样的感受呢?

生：这段能够感受到骑手们都在勇敢拼搏，争取取得好成绩！

师：是的，这一部分我们充分感受到了骑手们勇敢拼搏的精神。

（出示第二乐段标题：勇敢拼搏）

师：那我们这些观众可以做什么呢？

生：还能感觉到观看的人们在喝彩、加油、唱歌。

（2）模唱主旋律+填词对唱

师：天苍苍，野茫茫

生：风吹草低见牛羊

合：la la……

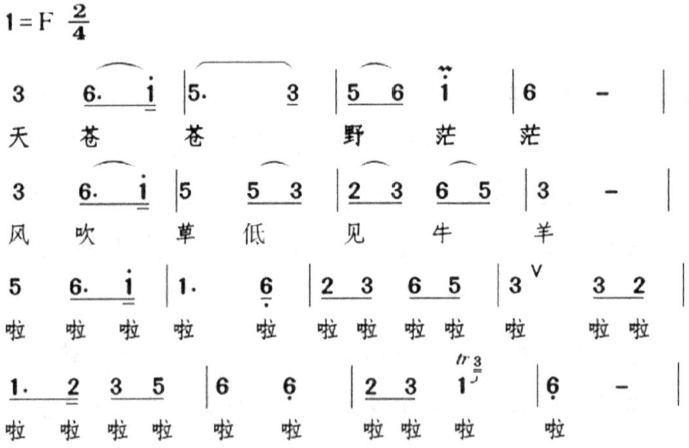

1＝F 2/4

3 6. 1̇ | 5. 3 | 5 6 1̇ | 6 – |
天 苍 苍 野 茫 茫

3 6. 1̇ | 5 5 3 | 2 3 6 5 | 3 – |
风 吹 草 低 见 牛 羊

5 6. 1̇ | 1. 6̣ | 2 3 6 5 | 3 3 2 |
啦 啦 啦 啦 啦 啦 啦 啦 啦 啦 啦 啦

1. 2 3 5 | 6 6̣ | 2 3 1 | 6̣ – |
啦 啦 啦 啦 啦 啦 啦 啦 啦 啦

（3）主旋律一共出现了几次？听一听

（再次聆听第二乐段）

（4）师：第三次重复是不是很特别，你们知道这里演奏主旋律的乐器是什么吗？二胡在这一部分运用的是哪种演奏手法？

生：这段是主题旋律的变奏，用扬琴来演奏的主旋律，二胡采用了拨弦的方式。

师：我们可以用什么方式来模仿拨弦？

（弹舌来模仿拨弦，并且为主旋律的第三次重复进行伴奏）

（5）完整表现第二乐段

A. 对唱

B. 自由发挥

C. 用弹舌模仿拨弦

设计意图：第二部分是乐曲的主旋律部分，通过演唱加深对主旋律的认知与感受。由于主旋律反复多遍，所以分别采取对唱、模仿二胡演奏、模仿二胡音色等方式来表现乐曲，调动学生的学习积极性，达到多元化效果。

评析：奥尔夫音乐教育体系的教育手段和方法中，最具特色的就是语言、动作和乐器，但是歌唱教学也是不可忽略的一部分。在第二乐段的教学中综合了语言与歌唱教学，也综合了模仿乐器演奏和模仿乐器发出的音响。在这一阶段中，学生将中国的古诗词与音乐完美结合在一起，并能准确地演唱，既学会主旋律的演唱，也提升乐曲欣赏的效果。通过模仿二胡的演奏姿势，模仿二胡演奏拨弦的声音，不但能加深对二胡的认识，还提升了整个课堂教学的趣味性，让课堂教学更加生动起来。

3. 聆听第三乐段

（1）聆听，体会第三乐段场景——决出胜负

师：赛马的过程真是紧张刺激，作为观众的我们都激动不已，大家一定都想听听最终发生了什么？一起来欣赏最后一个部分吧，就要决出胜负了哦！

（聆听第三乐段）

师：第三乐段中，大家听到了什么呢？

生：好像听到快到终点的感觉！

师：是的，听到了万马奔腾冲向终点的感觉！冲过终点后，勒住缰绳，热烈欢呼的场景。

（2）思考：用什么样的方式来表达赛马成功后的心情？

生：这个时候名次并不重要，完成了赛马就是胜利！大家都在享受这赛马过程中的愉悦！

师：那同学们可以用动作来表现这种愉悦的心情吗？老师在这节课开始的时候给大家表演的骑马舞可能给你们做一些参考呢？

（从老师之前表演的赛马的舞蹈里选择合适的动作为第三乐段编配动作）

（3）一起表演第三乐段：骑马舞

设计意图：乐曲的第三部分是第一部分的再现，情绪更加热烈一些，学生

有前两个阶段聆听的基础，所以在这一阶段感受也比较明显和强烈，通过动作表演，可以强化学生的感受，更深层次的理解乐曲内涵。

评析：在这一阶段的教学中，教师运用了奥尔夫音乐教育体系中动作、舞蹈的运用，通过体态、动作来表达乐曲的情绪、节奏和所要呈现的场景。由于学生对蒙古族的舞蹈不甚了解，所以教师在上课一开始的时候就用“骑马舞”的表演为这一阶段的教学做了铺垫。学生在这一阶段可以借鉴教师的表演来选择和模仿适合自己的动作或舞蹈。在这一阶段中，学生体验了模仿、也体验了自己的创作、充分融入音乐，并且非常自由地、快乐地将乐曲表现了出来。

（四）完整表现歌曲

1. 回顾整首乐曲

师：赛马从开始到结束，我们一起经历了几个阶段？

生：三个阶段。

师：是的，其中第三乐段我听起来跟第一乐段有很多的相似之处，但又不完全相同，它其实是第一乐段的一个变化再现。

师：我们在分段聆听中，采用了很多方法来表现歌曲，先一起来回顾一下！

第一乐段：为乐曲伴奏，模仿马蹄、马铃

第二乐段：三种形式表现主旋律

（手指敲击积木凳模仿马蹄声、加入歌词演唱主旋律、用弹舌模仿拨弦）

第三乐段：骑马舞

2. 全班一起进行表演

设计意图：这一部分是回顾部分，带着学生温习本节课的学习内容，并且完整地将乐曲表现出来，目的是让学生复习梳理本节课的收获，并且将本节课所学的知识技能展示出来。

评析：在本节课中，教师运用了多种奥尔夫教学法中的教学手段帮助学生较好地完成了教学目标。这一阶段是学生完整表现歌曲的阶段，学生通过回顾进行了复习，所呈现的完整表演有模仿，而更多的是自己的创作，充分地展示了自己的所学、所思、所想和所做，气氛热烈，让课堂教学达到了升华，达到了预期目标，收到良好的效果。

（五）课后小结

1. 说说自己的收获

略

2. 课堂结语

师：今天，同学们和老师一起走进了草原、走进了“那达慕”大会，感受到内蒙古的小伙伴们在赛马中不怕困难、勇往直前的优秀品质；认识这首乐曲的主奏乐器二胡，更了解到它是我们中国民族乐器中的瑰宝，更是中国传统文化的一种象征；希望通过今天的欣赏，在未来大家都能够像今天这样自由地表现自己对音乐的感知，同时也希望同学们能将我们中国的传统音乐、传统文化发扬光大。

同学们，热闹、激动人心的赛马结束了，大家一定想和小伙伴们一起分享你的收获，那么就请大家将你今天的收获分享给更多的小伙伴哦。今天的这节课，就到这里啦！同学们，我们下次再会！

【名师点评】

朱守琼：高级教师，合肥市小学音乐教师培训基地授课专家，合肥市学科带头人。

王蓓蓓老师执教的《赛马》一课可谓是名师出名课，名不虚传。整个课堂围绕着两条主线：一是“那达慕”大会中赛马的盛况，作为故事线串起了整个课堂教学；二是乐曲的三段体结构，采用先分段聆听再完整感受的结构线层层深入。整个课堂教学完整，有层次，引人入胜，牢牢地吸引着学生沿着这两条线，从最初对乐曲的生疏，一步步对乐曲逐渐了解。本课在教学中，运用了大量的奥尔夫音乐教学法，如：节奏律动，乐器伴奏，即兴创作，舞蹈表演等，既丰富了课堂教学内容，帮助学生更深入了解、理解、表现乐曲；同时，对于较为生涩、古板的教学内容，如“认识二胡”，则采用了微课的形式，更形象和生动，更易于学生接受。学生通过本课的学习不仅学到音乐知识，更在课堂中充分展示自己的才能，发挥自己的创造力，抒发自己的想象力，这是一个以生为本的课堂，也是一个展现音乐技能与音乐体验的大舞台。

授课教师简介

王蓓蓓

高级教师，教龄27年，安徽省特级教师，安徽省委讲师团专家库青年宣讲专家，享受市政府特殊津贴，合肥市红星路小学音乐教师、校“小百灵”合唱团团长、常任指挥，合肥市小学音乐教师培训基地领衔名师、合肥市王蓓蓓小学音乐教育名师工作室领衔名师、合肥市职称评审委员会委员，庐阳名师。从教以来，坚守教学一线，爱生乐教，善于钻研，努力创新。近年来，王蓓蓓老师先后被授予“全国优秀社团辅导员”“安徽省优秀辅导员”“合肥市优秀教师”“合肥市学科带头人”“合肥市骨干教师”“合肥市优秀辅导员”“庐阳区优秀教师”“庐阳区课改先进个人”“庐阳区学科带头人”“庐阳区教学能手”等光荣称号。十余篇论文在国家级、省级CN刊物发表；曾获部级、省市优课十余节次。作为合唱团的团长、常任指挥及辅导教师，带领合唱团多次在国际、国家级合唱大赛中斩获佳绩，她所领衔的合肥市王蓓蓓小学音乐教育名师工作室、合肥市小学音乐教师培训基地，发挥引领作用，辐射全市，带领合肥市小学音乐教师开展各级各类教育科研活动，负责全市音乐教师培训研修工作，受到上级主管教育部门及广大音乐教师的一致好评。

《荫中鸟》教学实录与评析

长丰县北城世纪城第一小学　曹大为

【课型】

歌曲欣赏课

【教学内容】

笛子独奏

人音版小学音乐三年级下册第三单元《我们的朋友》

第三课时《荫中鸟》

【教材分析】

本书是根据教育部制定的《音乐课程标准》所撰写的人音版小学音乐三年级下册，该教材遵循的原则是：①注重学生的素质教育，提高学生的审美能力，激发学生的发散性思维。②内容以基础教育为主，为学生提供良好的音乐基础教育。③课堂以学生为主教师为辅的教育模式，遵循学生的认知状态与身心发展的进度。

根据以上原则，此教材在多个方面实现了突破：①实现学生为主的课堂地位，促进学生的身心发展。②培养学生的兴趣爱好，激发学生的发散性思维，提高学生的审美能力。③稳固学生的音乐基础知识，激发学生学习音乐的兴趣。

【学情分析】

三年级年龄段的学生想象力丰富，有利于培养其发散性思维，年龄较小的学生更容易被情绪感染，适合培养学生在音乐方面的抽象思维。该年龄段学生能够跟随教师活动的在多数，少数学生由于性格腼腆参与性较低，学生对于教师是能够接受、不抵触的状态。这个阶段的学生对于音乐理解的深度有限，持久性不够，可以通过游戏的方式来帮助学生集中注意力，让学生在有趣的环境下，提高持久性与理解度。随着信息时代的发达，该年龄段的学生有早熟的倾向，在介绍音乐与歌曲时，需要存在保留状态。

学生在音乐方面的客观认知，主要通过音乐课堂，通过一年级至三年级的学习，学生已经具备基础的音乐素养。通过课堂中的表现，学生能够将歌曲内容进行完整的表达。

不同的班级，学习的方式、深度、广度存在微小的差异，努力做到因材施教。学生有独特的学习性格，不同的班级也具有不同的班级性格，例如A班与B班，A班的同学基础知识好，更加倾向于教师提问引导，学生进行学习；B班的同学基础知识欠缺，需要教师进行前期的铺垫。本次内容利用A班的班级情况进行讲解。

【教学目标】

1. 学生通过听《荫中鸟》的方式，模仿鸟的叫声，提高感知与情感表达能力。

2. 学生通过学习民族器乐曲激发民族自信心，更加了解我国的民族器乐。

3. 聆听《荫中鸟》，增加对民族乐器“笛子”的认知，对笛子样貌、使用有初步了解。

【教学重点】

了解笛子的使用方法与最基本的曲式结构。

【教学难点】

通过民族音乐激发学生的民族情感，提升学生对民族音乐的热爱。

【教学时间】

一课时

【教学准备】

教学使用的PPT（内含多张关于鸟的图片）、《荫中鸟》原曲、笛子（竹笛、鸟笛）、手鼓、手铃。

【教学过程】

（一）提问引题

师：同学们，你们在生活中接触最多的鸟是什么呢？你们听过哪些鸟叫声呢？请给大家分享一下，你所知道的鸟与鸟叫声。

生：布谷鸟、百灵鸟、杜鹃鸟、鹧鸪！鸟叫声应该都是差不多的吧？鸟叫声应该都是“叽叽喳喳”的呀！

师：那你们听过一群鸟是怎么叫的吗？今天将带领大家欣赏一首由笛子演奏的《荫中鸟》，大家可以听一下里面是如何表现鸟的声音的，也可以探讨一下里面的鸟叫声是不是同学们平时所接触到的。

设计意图：通过提问的方式，促使学生被动思考，学生回答问题能够帮助学生短期建立一个思考模式，有利于将学生的思路带到接下来的课程当中去。

评析：此次的提问激起了学生想要了解“鸟叫”的欲望，发挥学生的想象力，让学生都能够充分地参与进课堂的内容，形成习惯性思考。

（二）课程导入

1. 欣赏《荫中鸟》

教师播放《荫中鸟》片段，让学生感知“鸟叫”的声音，并带领学生模仿曲子中的“鸟叫”声。

师：同学们，现在我们来欣赏的曲子是《荫中鸟》的片段，同学们听到之后认为鸟叫是什么样子的？接下来我将发放教具，我们以十人为一组，表现片段中的“鸟叫”声。

发放竹笛、鸟笛、手鼓、手铃等。一组同学模仿《荫中鸟》所表现的内容，使用笛子进行复刻；二组同学以手铃为主竹笛为辅，认为鸟叫是空灵的、清脆的；三组同学使用了多个手鼓，他们认为鸟叫也可以很响。

师：你们表演得真精彩，通过你们的表演，我了解到了在你们心中“鸟叫”的模样，那接下来我们仔细聆听《荫中鸟》，来体会其中不同的地方。

设计意图：通过让学生利用教具来表现听到的内容，增加学生对乐器的认知，能够帮助学生理解同一件事物的多样化，让学生的审美脱离刻板印象，提高实践能力。

评析：该环节中所有同学积极参与，通过观察发现该班的同学具有较强的想象力与表演能力，在适当的挖掘中能够激发学生更强大的潜力。

2. 了解笛子种类

教师通过教室多媒体设备将笛子的图片进行投放，讲解引导供学生认知。

师：前面大家已经欣赏过《荫中鸟》了，现在你们看这个上面有很多种笛子，你们认为《荫中鸟》是用哪种笛子进行演奏的呢？又认识哪些呢？

生：好像只认识竹笛欸！《荫中鸟》是用竹笛演奏的吗？

师：是用竹笛演奏的，但是呢，竹笛分为曲笛和梆笛，你们知道二者的区别吗？可以猜一下。

生：曲笛应该是用来吹曲子的，那种江南小调，梆笛应该是吹比较高亢的歌曲，对吗？

师：对的，很棒。我们今天介绍的《荫中鸟》是采用梆笛演奏的，曲笛的音色十分浑厚，可以吹清新圆润的曲子，你能想到江南小调是对的。梆笛是取自东北的梆子戏曲，这个主要是为了戏曲伴奏，声音较为明亮，其中有个特点就是吹高音用得较多，所以你们知道《荫中鸟》用的哪个笛子了吗？

生：梆笛！

师：对的，梆笛的高音刚好就和小鸟一样“叽叽喳喳”的，能够生动地表达鸟声，所以你们听到《荫中鸟》就好像听到了很多的小鸟在叫一样。接下来我们通过图片了解梆笛的样子！

教师通过图片对学生讲解梆笛的样子，便于增加学生的知识面

师：梆笛一共分为五个孔，你们有机会可以了解一下关于五个孔的名称，这个名称是根据“宫、商、角、徵、羽”而来，中国许多乐器的音调、名称都与“宫、商、角、徵、羽”有关，希望你们通过了解这个，能够了解更多关于中国其他的乐器。

设计意图：扩充学生对器乐的认知范围，为引导学生了解其他中国乐器作为铺垫。

评析：在这个环节中，发现学生对中国乐器的认知存在局限性，甚至对我国音调的划分也缺乏认知，但是在带领学生认知中国乐器时，学生表达了较强的兴趣。

3. 听力训练

师：欣赏《荫中鸟》你们认为分为几个乐段呢？每个乐段之间有什么不同呢？

生：这里分为三段，第一段是感觉鸟儿在树林里开心地唱歌；第二段感觉有好多鸟儿在一起鸣叫；第三段感觉很明朗，能够体现作者对鸟儿美好明天的希冀。

师：同学，你说得太好了，你明白了作者想要表达的情感，也能够感知《荫中鸟》的具体场景，希望你之后能够继续发挥你的想象力！

设计意图：引导学生讲述自己对音乐的感觉，有利于形成学生的思维习惯。

评析：在这个环节中，通过简单分析《荫中鸟》的曲式结构，让学生进行赏析与想象，该班学生的想象力十分丰富，能够准确感知作者所表达的思想感情。

4. 节奏训练

通过前面的听力训练，学生对《荫中鸟》这首曲子有了大致的了解，对乐段、乐曲有了基本的认知，教师需要对学生进行节奏训练，便于之后的教学内容。

师：同学们，你们听到《荫中鸟》，你们听到的节奏是什么？可以用手打出来吗？

小学阶段的学生对乐理知识较为生疏，通过肢体来训练节奏有利于加强学

生对音乐内容的掌控。

生：好的。

师：接下来我们播放的是《荫中鸟》的第一段，请听一下有什么特点哦，听完了之后请用你的手将这段的节奏拍下来。

给学生欣赏《荫中鸟》的第一段。过半的学生能够通过听的方式，将节奏复述出来，部分学生能够将片段的内容重复大部分。

师：你们做得很棒，大部分同学都能够把节奏复述下来，没有一次性复述完整的，也没有关系，第一次能够做到这样很好了，那我们来重点练习一下节奏吧，我们看第一段里面的主要节奏型，二八节奏、前附点二八和后附点二八。我们先练习一下这个节奏型。

教师进行教学三个节奏型的打法，学生进行5分钟的练习。

师：你们现在了解这三个节奏型了吗？

生：了解了！很简单！

师：那我们现在来做个游戏，你们用学会的三个节奏型，随意编排节奏。

生：会不会很难呀？

师：不会的，你学会了这三个节奏型，随意编排就好了。

学生在编排的过程中，遇到了困难，例如将后附点二八与前附点二八连接在一起，在这个过程中需要教师进行引导。

生：虽然只有三个节奏型，但是拼凑在一起，感觉很不一样啊！

师：就是这样的呀，相同的节奏型，拼凑在一起是有不同的感觉，每个人拼凑起来的感觉都不同，所以你们也要认真听别人编排的一段节奏哦！感受不一样的感觉！

设计意图：通过肢体活动激发学生的学习兴趣，帮助学生学习节奏型、使用节奏型。

评析：“创作”的环节学生都很热情，学生在音乐方面都是具有开发性的，通过“创作”的手段可以帮助学生了解节奏型使用的感觉与意图，帮助学生进行深层次的了解。

5. 律动训练

《荫中鸟》主要体现了不同节奏型的运用，为了让学生感知《荫中鸟》的具体感情，在律动训练阶段采用了肢体游戏。

师：刚刚我们已经学习了三个节奏型的音乐了对吧？现在呢，我们听《荫中鸟》的片段，听到笛声快速、密集的地方我们就拍拍手，听到较慢的地方我们就蹲下，没有声音了我们就转圈圈。

生：真有意思呀！

师：那现在我们分成三个小组进行游戏，做错了需要给现场的同学进行表演的哦！

生：好的！

这个过程需要教师带领学生进行，教师播放《荫中鸟》的片段，找到没有及时做出反应的同学，最后将没有做出反应的同学组成一个组，进行表演。

师：刚刚的表演大家开心吗？

生：开心！

师：接下来大家发出“滴滴滴”的声音，类似于鸟叫声，根据老师的手势来调节自己音量的大小可以吗？

生：可以！

教师通过手势来引导学生声音的大小，手往上抬声音增大，手缓慢地抬是慢速增大，手快速抬是快速增大，向下与向上抬采用的方法相同。

师：你们现在了解怎么控制自己的声音了吗？

生：学会啦！

师：那你们现在了解到乐曲中的声音是怎么变大变小的了吧？

生：知道啦！

师：你们做得很棒哦！能够很好地跟着老师的手势来控制自己的声音！接下来我们来学习，音乐语言！

设计意图：通过肢体、控制声音，让学生对笛子、对音乐有了充分的了解，通过表现让学生了解如何学音乐、使用音乐。

评析：学生在这个环节表现得十分积极，积极地配合教师进行教学活动，在活动的过程中也展现了学生的表现力与创造力。这个环节在学生学习音乐中能够起到打基础的作用，便于之后更好地理解音乐内容。

6. 音乐语言学习

音乐语言主要分为旋律、节奏、节拍、音色、和声、力度等，根据小学阶段学生独有的特点，在音乐语言学习中，以《荫中鸟》为例子，给学生讲解音乐语言，让学生了解每一处写作的由来。

师：同学们，你们觉得为什么作者将《荫中鸟》分为三段呀？

生：因为鸟聚集的话，是一只一只来，逐渐才能够形成一群鸟，然后鸟就会聚集在一起叽叽喳喳的，应该是争奇斗艳吧，然后会散开呀！

师：对，你可以这样理解，这是理解作者写作的意图，你能通过你的想象将画面描述出来也是特别棒的，这三个步骤就像我们之前说的分三段一样，那我问你们，力度是什么呢？

生：力度是不是刚刚我们一起声音一下大一下小的样子呀？

师：差不多，我现在举个例子给你们听，力度大就是很多鸟在大声叫，而且很有力气；力度小呢，声音也是大的，但是你会觉得是没有力气的叫声，可以明白吗？

生：可以的！

师：节奏刚刚同学们已经进行自我创编了，是非常棒的，那同学们知道什么是节拍吗？节拍应该对应怎样的节奏呢？

生：节拍应该就是谱子前面的拍号吧？刚刚老师给的谱子《荫中鸟》上面显示的2/4拍！

师：对的，节拍是通过拍号表现的，那你们还知道有别的什么吗？

生：不知道！

师：2/4拍呢，首先是需要分成两节的，然后在划分之后，也是需要情感表达的，你们之前在听《荫中鸟》时，有没有感觉到有什么不同呢？

生：感觉先是声音又大又重，后面对比前面的轻一点。

师：对，在音乐语言中，我们将这个叫作强弱关系，四二拍一般是第一拍强，第二拍弱的。强的地方你们可以感觉到什么呀？弱的呢？

生：强的地方能够感觉到鸟儿好近好近，弱的就感觉很远。

师：同学们的感知能力都很棒，那接下来我们欣赏一首乐曲，这首乐曲和《荫中鸟》很像，大家可以仔细听一下。

设计意图：通过生动的方式，让学生了解音乐语言的使用方法。

评析：学生在这个环节表现了较强的感知能力，能够跟随教师的引导进行学习。

（三）课后延伸

师：你们认为除了笛子还有什么乐器可以表现出鸟叫声呀？

生：应该还有箫！

师：对，箫也是可以的，那你们觉得唢呐能够表现鸟叫的声音吗？

生：不能，唢呐的声音太大、太沉重了。

师：那我们现在一起来欣赏一首《百鸟朝凤》，听一下唢呐是如何表现出鸟叫声的。

欣赏《百鸟朝凤》，结束课程。

设计意图：增加学生对民族乐器的了解。

评析：当学生听到唢呐的鸟叫声，表情十分震惊，达到了预期的教学效果。

【名师点评】

田梅：高级教师，合肥市第三批、第四批骨干教师；合肥市小学音乐教师培训基地授课专家；合肥市王蓓蓓小学音乐教育名师工作室成员。

曹大为老师通过谈话导入，通过提问、小乐器（竹笛、鸟笛等）模仿“鸟叫”等提升孩子们的兴趣，为后续教学活动的开展打好基础。学生聆听第一遍时，学生都被这首乐曲吸引住了，有的学生跟着音乐的节奏动了起来。这个阶段的学生想象力很丰富，迫不及待地想跟着音乐舞动。接下来，曹老师就开始给学生讲笛子的种类，让学生了解笛子可以分为：梆笛、曲笛和中音笛。《荫中鸟》是用梆笛演奏的，梆笛那高亢明亮的音色，奔放、活泼的旋律一听就能让人喜欢。随后，利用节奏小游戏，熟悉乐曲中的三个较为典型的节奏型（双八分，前、后附点双八分）后并加以律动。这一环节，体现了奥尔夫音乐教学法的特点，让孩子们全身心地投入到音乐世界中来，他们用肢体、语言、乐器自由地演绎，以独特的方式抒发内心世界。《荫中鸟》从结构上可以分成：引子—第一段—第二段—第三段共三部分。引子只有两句，好像两只小鸟在说：“小伙伴们！快来呀，这里可凉爽了。”第一部分描写的是小鸟在树林里自由翱翔、玩耍的场景，音乐节奏欢快活泼。学生在这个乐段里随着音乐旋律做律动，充分调动了学生的积极性，参与度很高。乐曲第二部分是描绘了一幅百鸟争鸣的景象，这部分学生最是喜欢，学生会随着音乐模仿鸟儿的鸣叫。乐曲第三部分是第一部分的再现，音乐又回到了鸟儿在茂林之中穿梭、飞舞的景象。学生通过欣赏可以根据音乐的快慢和强弱做出相应的动作充分感受音乐。

授课教师简介

曹大为

高级教师，教龄16年，长丰县北城世纪城第一小学副校长，合肥市小学音乐教师培训基地授课专家，长丰县小学音乐兼职教研员。曾获合肥市优秀教师、合肥市骨干教师、合肥市优秀辅导员、合肥市师德先进个人、长丰县音乐学科带头人、长丰县优秀党员等荣誉称号。多次辅导学生在各级各类比赛中获奖，个人在安徽省第七届体育舞蹈大赛中荣获第二名、连续三年课例获安徽省优课、微课获安徽省二等奖、童谣创作获合肥市一等奖、论文《一年级学生音乐课堂常规培养的策略》获合肥市一等奖、《太空行》获长丰县创新课例一等奖、合肥市课题《小学生行为习惯养成教育研究》结题、安徽省课题《微课与课堂教学有效融合的模式研究》即将结题。

《空山鸟语》教学实录与评析

合肥市红星路小学　沈 悦

【课型】

音乐欣赏课

【教学内容】

人音版小学音乐三年级下册第三单元《我们的朋友》

第三课时《空山鸟语》

【教材分析】

《空山鸟语》是人音版三年级下册第三课《我们的朋友》中的欣赏教学。标题采自唐王维诗："空山不见人，但闻人语响。"描绘了深山幽谷，百鸟嘤啼的优美意境，表达了对大自然的赞颂及美好生活的向往，是一首极富形象的作品，几十年来《空山鸟语》一直是二胡学习者、演奏者努力攀登的"高峰"。它的技巧特点，也正是它的演奏难点所在，1993年获中华民族文化促进会"华人20世纪音乐经典作品奖"。

全曲共五段，另有引子和尾声。

引子慢速带装饰音的八度、五度、四度的大音程跳进，恰似空谷回声，刻画出一种幽眇、静穆的意境，令人神往。

第一、二段的音乐清新活泼，气氛活跃。

第三、四、五段运用各种拟声的表现技巧，生动形象，展现出一幅鸟声四起。争相飞鸣的喧闹情景，表达了人们对美丽大自然的热情赞颂。

尾声的部分再现一段旋律，末句采用了分解的大三和弦的上行旋律，明亮有力，表现人们对美好生活的热切追求。

【学情分析】

因为小学生本身的心智不够成熟，处于贪玩的阶段，对于各种有趣的事物都有比较强的兴趣。所以在奥尔夫教学法的过程中，需要与学生的实际情况相结合，选择符合学生学习兴趣的作品，并借助游戏使课堂更加活跃。例如在进行音乐欣赏课的过程中，教师可以组织情景游戏，使学生按照自身对于音乐内容的理解创造出相应的人物，并完成角色扮演。借助这一方式，不仅可以使学生的音乐欣赏能力有效提高，而且可以提高其课堂参与效率，培养学生的表演能力，也可以使教学效率获得提升，进一步实现教学目的。

在小学低年龄段音乐欣赏课中引入奥尔夫教学法，可以将课堂交还给学生，梳理学生的主体地位，引导学生就自己所学的音乐知识进行音乐创作，充分发挥学生的主观能动性。另一方面，奥尔夫教学法给学生提供了充分的自由创作空间，可以有效激发学生的学习兴趣，提高音乐素养。

【教学目标】

1. 通过聆听《空山鸟语》，体会中国民族乐器二胡的音色特点，感受人们崇尚自然、热爱自然的情感。

2. 通过听、看、赏等一系列活动，感受音乐空山幽谷的情景和“鸟”的形象，并根据音乐进行联想与想象。

3. 能感受音乐中速度、音高、力度及情绪的变化。

【教学重点】

1. 感受音乐中速度、音高、力度及情绪的变化。

2. 对二胡的音色及奏法有个初步的了解。

【教学难点】

通过听、看、赏等一系列活动，感受音乐空山幽谷的情景和“鸟”的形象，并根据音乐进行联想与想象。

【教学时间】

一课时

【教学准备】

多媒体、鸟笛

【教学过程】

（一）导入新课

1. 观看导入视频，学生说说初听、初看所感

学生观看《空山鸟语》的视频，通过视频学生听到了什么？感受到了什么？

师：同学们，今天老师要带你们去一个神秘而又美丽的地方，你们想去吗？那就和我一起出发吧！

2. 教师出示山谷鸟叫的视频请同学们观看

师：快看，我们已经到了，请同学们看看这个视频，通过这个视频说说你们听到了什么？看到了什么？

生：看到了连绵不断的群山，听见了清脆的鸟叫声。

3. 教师根据视频引出王维的诗句中的关键词：空山和鸟语

师：你们说得真好，老师也有这样的感受。你们知道吗？在唐朝有位非常有名的大诗人王维，他也非常喜欢空山深林的幽静景色，并写出了千古名诗《鹿柴》，其中有两句：“空山不见人，但闻人语响”，与我们刚才在视频中看到的景象特别符合。现在请同学们跟着老师一起来大声有感情地朗诵这首古诗。

师生：“空山不见人，但闻人语响，返景入深林，复照青苔上。”

4. 揭示课题：《空山鸟语》

学生完整聆听，说说情绪与速度上有何变化？这首乐曲展示了一幅怎样的画面？

师：在中国近代音乐史上有一位非常有名的音乐演奏家叫刘天华。在他的故乡江苏省江阴市那里也有一座山，那里满山都是竹林，鸟语花香，非常美丽。刘天华先生在看到此景后也想到了诗人王维的那句诗句“空山不见人，但闻人语响”，便创作出了非常好听的乐曲《空山鸟语》，这也是我们今天要学习的内容，请同学们完整聆听，听完以后说一说，整首乐曲的速度是一直保持平稳还是有快慢的变化呢？你们听完后仿佛看到了一幅怎么样的画面？

生：乐曲一会儿欢快一会儿缓慢；感觉很热闹，山谷里像是在开音乐会。

师：同学们说得真不错，这首乐曲描绘了一幅深山幽谷中群鸟欢鸣、生机盎然的优美画面，表达了对大自然的赞颂及美好生活的向往。

教师板书课题《空山鸟语》，学生齐读课题。

设计意图：通过看到山和听到鸟叫让学生感受到本课的主题，三年级的学生已经学习过王维的古诗《鹿柴》，并能熟练背诵，通过对古诗的理解能更好地体验到空山和鸟语的意境。初步完整聆听让同学们对乐曲的速度和情绪有了大致的了解。

评析：趣味性是学生积极学习的关键。教师要注重课堂的趣味性，从而提高学生的学习积极性。奥尔夫教学法中，要求教师在教学过程中注重营造良好的学习气氛，在实际的课堂教学中，教师可以根据音乐内容创设相应的情境，让学生深入感知，从而使教学内容更加有趣。在本课《空山鸟语》教学中，我首先引导学生观看了山谷鸟叫的视频，让学生聆听，并抛出几个简单的问题，让学生进行思考，进而引出本课的主题，即刘天华先生所作的《空山鸟语》。视频的观看不仅可以调动学生的学习气氛，营造轻松愉悦的教学环境，还可以为下一环节的教学内容做铺垫，让学生在音乐学习过程中渐入佳境。

（二）分段聆听欣赏《空山鸟语》

1. 聆听乐曲第一段音乐：山谷回音

（1）第一遍聆听，教师指引学生根据音乐旋律的高低起伏画出不一样的旋律线条

师：同学们，刚才我们已经完整的聆听了一遍乐曲。当刘天华先生来到山前，远远望去山前空无一人，他大喊一声仿佛还听到了自己的回声，现在请同学们聆听乐曲的第一部分：山谷回声，并用手跟着老师一起画一画它的旋律线，你们能跟着音乐的高低起伏画出不一样的旋律线条吗？（教师带学生画旋律线，指引学生跟着音乐高低起伏画出长短不一的旋律线）

（2）第二遍聆听，学生跟着动画再次画旋律线条，并感知这些线条组合在一起像什么形状

师：大家画得很认真，那你们觉得这些线条组合在一起像什么呢？

生：我觉得有点像一座座山。

师：你的想法很好，老师先不说，请你们再画一次，我请一名同学来在黑板上画，其余同学跟着老师把大屏幕上出现的音乐旋律线一起画完后，你们就知道像什么了。

生：高高低低的线条组合在一起就像一座座山。

师：你们说得真好，高低起伏的旋律组合在一起就像一座座连绵不断的群山。

设计意图：在这段音乐中我让学生边聆听边画出随之对应的旋律线条，观察旋律线条组合在一起像什么形状从而引出了歌曲的第一主题：山，一座座连绵不断的群山。聆听画旋律线的方法也比直接出示山谷的图片更好地让学生感受到音乐形象。

评析：小学生的思维活跃，他们的理解和认知能力较为薄弱，如果教师在教学过程中所用的专业术语过多，或者是语言枯燥乏味，就会给学生理解音乐知识增加难度，最终学生将会失去对音乐学习兴趣，音乐教学目标会很难达成。能否有效激发学生的音乐学习兴趣是决定小学音乐教学效率和质量的关键。以人为本是奥尔夫音乐教学法的核心思想，这就意味着奥尔夫音乐教学法的应用要紧密围绕学生的身心发展需求，与学生的兴趣爱好相结合，不断丰富

教学方法，带领学生感悟音乐学习的乐趣。在带领学生聆听乐曲的第一部分：山谷回音时，我采用了音画结合的方法，让学生根据音乐的起伏高低画出旋律线，再启发学生由旋律线联想到连绵不断的山脉。让学生调动多个感官，启发思维想象能力，用绘画的形式感悟音乐，达到了良好的教学效果。

2. 聆听乐曲的第二部分：早起鸟儿

（1）第一遍聆听，此段音乐与“山谷回音”相比，在速度与情绪上有何变化？是什么声音让安静的山谷热闹起来？

师：刚来到山脚的刘天华先生看到是一座座幽静的群山，于是他决定继续往里面走一走，没想到越往里走的景色越美，安静的山谷里也顿时热闹了起来，现在，请同学们聆听乐曲的第二部分，这段旋律与刚才的第一部分旋律：山谷回音在速度上和情绪上又有什么变化呢？是什么让山谷热闹了起来呢？

生：速度变快了，情绪也欢快活泼；叽叽喳喳的鸟叫声让安静的山谷热闹了起来。

师：同学们说得真棒，那你们知道这样一首时而舒缓悠扬，时而欢快活泼的乐曲是用什么乐器演奏的吗？

生：二胡。

（2）教师介绍乐曲的主奏乐器：二胡。学生观看二胡微课

师：对，就是二胡。同学们你们见过二胡吗？知道它长什么样吗？它是中国民族乐器还是西洋乐器呢？（学生观看二胡的微课后回答）

生：二胡是中国民族拉弦乐器，由琴弦和琴弓组成。

师：那你们知道二胡是如何演奏的呢？让我们一起来看一看图片。

（3）学生学习二胡演奏姿势

教师PPT上播放二胡演奏图片，编创动作口诀：双腿放平脚踩地，左手琴杆右手弓，并请同学们跟着图片一起学习模仿演奏二胡的姿势。

（4）第二遍聆听，观看。学生边看视频边模拟演奏二胡

师：现在请同学们再次聆听第二部分音乐，这次老师有个小要求，请你们边听边看，边模拟演奏二胡。注意演奏的姿势要规范，身体也可以随着音乐的变化而律动。（教师播放这段旋律的视频版本，让学生边听、边看、边模拟演奏二胡）

设计意图：让学生通过聆听对二胡的音色有了初步的认识和了解。《空山鸟语》是二胡独奏曲，整首乐曲展现了二胡高超的演奏技法，我将二胡这一知识点作为第二部分学习的重点，我让学生从聆听到观看最后到模仿，模拟表演二胡，从而对中国民族拉弦乐器二胡有了更进一步的认识。

评析：奥尔夫教学中所使用的乐器种类繁多，大体包括：天然乐器、自制乐器、身体乐器，以及由古尼德·凯特曼女士，根据奥尔夫的音乐教学理论所设计的奥尔夫乐器。乐器是音乐教学的主要工具，在音乐教学过程中加入乐器有助于提高学生的视唱能力，调动学生音乐学习的兴趣，丰富音乐教学内容。聆听乐曲的第二部分，我引导学生思考：该曲中时而舒缓时而活泼的乐曲，是由哪种乐器演奏？在问答中引出并介绍乐器二胡，教授学生演奏二胡的正确姿势，用肢体动作模仿二胡演奏，提醒注重乐曲节奏声势的变换，根据旋律的变动调整动作。让学生在二次聆听乐曲时进行动作演奏，深入感悟本曲表达的意境。

3. 聆听乐曲第三部分：鸟儿欢闹

（1）第一遍聆听，学生边听边发挥想象鸟儿聚在一起都在做些什么？

师：同学们刚才的表演真投入，老师给你们点个赞，接下来，让我们继续聆听，刚才说到刘天华先生已经走进了山谷，看到了别有洞天的景色，而此时他已经走到了山谷的中间，看到了满山的竹林，成群结队的鸟儿，也被这美景给震撼了，接下来请同学们聆听乐曲的第三部分。请同学们听一听想一想当这些鸟儿聚在一起时，它们都在做些什么？

生：他们可能聊天，唱歌，在空中翱翔。

（2）学生用口技模仿鸟叫声，用双手模仿鸟儿飞翔的动作

师：同学们说得真好，各种鸟儿聚在一起有的在说话聊天，有的在比赛唱歌，还有的在山间翱翔。刘天华先生用高超的二胡演奏技法将鸟儿的形象展现得淋漓尽致，同学们你们可以试着用我们身体“乐器”嘴巴和双手来模仿鸟叫声以及飞翔的动作吗？谁来试一试？

（3）教师介绍并展示陶瓷鸟笛

师：今天，老师带了一个神奇的小乐器，它叫陶瓷鸟笛，只要在里面放一点水，它就能发出类似清脆的鸟鸣声，同学们你们来听一听。

（4）第二遍聆听并加入表演。学生之间分组，有的用口技模仿鸟叫声，有的模仿鸟儿飞翔的动作。跟着音乐，共同表演

师：现在，同学们再次聆听乐曲的第三部分，同时，老师也想请你们边听边加入自己的表演，请刚才表演口技的同学起立，你们继续用嘴巴来模仿鸟儿的叫声，其余的同学可以用双手代替鸟儿的翅膀，表演鸟儿飞翔的动作，我来给你们指挥。请同学们看老师的手，前面一段旋律请大家一起表演，后面的旋律当我的手指向哪位同学，哪位同学就单独表演，让我们来试一下。

设计意图：第三部分音乐是整首乐曲最热烈欢闹的一段，二胡的演奏展现一幅群鸟欢鸣的景象。本段我请同学们用自己的肢体和口技来模仿鸟儿飞翔的动作和叽叽喳喳的叫声，介绍了可以吹奏出鸟叫声的乐器：陶瓷鸟笛。通过共同表演的形式让学生更好地参与到其中，感受群鸟欢鸣的热闹景象，也更好地提高了学生学习的积极性。

评析：奥尔夫教学法的根本理念就是通过舞蹈、语言或歌唱等方式自然表达出内心的情绪、思想和情感，可以调动学生的学习热情，让音乐课堂变得更加活跃，富有生机。节奏是音乐中的关键部分，也是感受音律、学习音乐的基础之一。让学生跟随音乐进行律动，不但能够提升学生的节奏感，也能够让学生更好地掌握音乐的变化。因此，在运用奥尔夫教学法进行教学时，可以适当地融入律动元素。

在本课《空山鸟语》教学中，我多次组织学生进行体态律动，用身体的语言来表达音乐特征。聆听第三部分，介绍陶瓷鸟笛这一乐器时，我请部分同学用口技来模仿鸟儿的叫声，其余的同学可以用双手代替鸟儿的翅膀，表演鸟儿飞翔的动作。通过体态律动，可以让学生对音乐的节奏感进行应用，实现将学生的听觉与感觉相结合，让学生融入课堂教学当中，感受音乐中速度、音高及情绪变化，了解“鸟”的形象，并根据音乐进行联想与想象。通过本段教学，学生掌握了《空山鸟语》这首乐曲的节奏声势，了解了我国传统乐器的使用方法与音色，感受到了乐曲中所传达出的赞美大自然、崇尚大自然的情感，教学效果显著。

4. 聆听乐曲第四段音乐：尾声

（1）第一遍聆听：对比聆听。学生听完说一说尾声音乐与前面学过的哪段音乐旋律相近？

师：同学们表演得很不错，“鸟儿欢闹”是整首乐曲的高潮，也是亮点。最后，让我们聆听乐曲的尾声部分，请同学们听一听尾声部分的旋律类似于我们前面学习过的哪段旋律？但是又有哪里不一样呢？

生：第二部分鸟儿欢闹：在结尾速度变慢了。

生：“尾声”音乐和“早起鸟儿”的音乐很相似，在结尾速度变慢了，声音也逐渐变小了。

（2）教师提出“尾声”音乐与“早起鸟儿”音乐的不同之处

师：同学们说得真棒，“尾声”的旋律类似于“早起鸟儿”这段旋律，但是在旋律的最后速度逐渐慢了下来，最后一个音也拉得很长。刘天华先生感叹这美丽景色壮观的同时又不忍心去打搅，于是他静悄悄地走了，回家后创作出了这首二胡曲《空山鸟语》，因为这段旋律和“早起鸟儿”相似，请同学们随着“尾声”旋律再次表演拉奏二胡的动作，但是要注意，最后的旋律慢下来，你们的动作也要跟着慢下来。

（3）第二遍聆听时，学生边听边模拟演奏二胡

5. 完整划分山谷回音

师：这首乐曲我们已经分几个部分听完了，那同学们你们觉得这首乐曲可以分为几个部分呢？

生：山谷回音、早起鸟儿、鸟儿欢闹、尾声。

6. 教师介绍曲作者，二胡演奏家：刘天华

师：听了这么好听有趣的乐曲，下面就让我们来认识这位鼎鼎有名的作曲家、二胡演奏家：刘天华。

刘天华（中国近代民族音乐一代宗师、二胡鼻祖）他的音乐创作成就，主要在民族器乐曲方面，共作有十首二胡名曲，分别是：《病中吟》《月夜》《苦闷之讴》《悲歌》《空山鸟语》《闲居吟》《良宵》《光明行》《独弦操》《烛影摇红》。他也被视为近现代二胡演奏学派奠基人。

7. 学生完整聆听，表演乐曲《空山鸟语》

师：现在请同学们完整的表演《空山鸟语》。在第一部分“山谷回音”中跟着音乐画旋律线；第二部分“早起鸟儿”模仿二胡演奏；第三部分“鸟儿欢闹”请同学们用肢体和口技来模仿鸟儿飞翔的动作和鸣叫的声音；第四部分“尾声”音乐因为类似第二部分所以我们继续模仿演奏二胡。

评析：在传统音乐欣赏课中，教师如果仅仅播放经典的音乐作品，不仅会使学生感觉这些旋律过于枯燥，无法持续地倾听与欣赏，而且还可能会导致学生失去学习音乐的兴趣。利用传统的教学方式不能帮助学生学会欣赏音乐作品，也无法改善课堂气氛。通过奥尔夫教学法可以积极有效地解决相关问题，在改善学生思维能力的基础上，使其更好地感受音乐知识，但是在教学中学生可以通过表情、声音等方面来表达自身对于音乐的认识，而且可以更加积极地与他人进行交流。

（三）拓展

1. 学生聆听二胡演奏马儿嘶鸣声的视频

师：同学们，二胡除了模仿鸟叫声还能模仿各种不一样的声音，你们听听看，这是什么声音？（教师播放二胡演奏视频）

生：马叫声。

设计意图：展现二胡音色的多变性，让学生感受到二胡可以模仿很多种不一样的音色。

2. 教师介绍二胡名曲《战马奔腾》，学生观看演奏视频

师：你们的耳朵真灵敏，这个声音确实很像马的嘶鸣声，接下来请大家聆听观看另一首二胡名曲《战马奔腾》。《战马奔腾》是二胡演奏家陈耀星在20世纪70年代创作的一首二胡独奏曲，也是他强力打造的军营狂想曲。乐曲描写守卫在祖国边疆草原的骑兵战士为了保卫祖国，苦练杀敌本领的情景，表现了他们英勇顽强、一往无前的战斗精神。在这首乐曲中，陈耀星先生立意清新，富有独创，绘形传神地把战马奔腾的形象如浮雕一般凸现出来。陈耀星运用了自己独特的高难度演奏技巧，成功地表现了守卫在边疆的骑兵战士的军营生活，乐曲开创了用二胡表现军事题材的先例。

评析：二胡，作为深受我国广大民众喜爱的民族乐器，在中国近代音乐史中，通常是我国各类戏曲音乐及传统音乐表演形式中运用最为广泛的乐器之一，在近一百年的发展历程中以刘天华先生为代表学院派和阿炳为代表的民间派为二胡音乐的发展做出了突出的贡献。当代作曲家总是力图在突破传统、发现新音色、创造新的演奏法上有所建树，并把二胡这件乐器向旋律器乐化方面积极地努力。音区的扩展、大段的泛音、大跳与变化音、调性的频繁转换、无调性，运用弓毛或弓杆同时触弦演奏五度音程等新技法的应用都做了大胆的创新与尝试。

（四）总结

师：在今天的音乐课中，我们学习好听的乐曲《空山鸟语》，认识并了解了二胡，知道二胡是一件了不起的民族乐器，同学们可以利用电视、网络、书籍等多种渠道了解更多有关二胡和其他民族乐器的相关知识，相信我们的同学一定会爱上璀璨的民族音乐的！

【名师点评】

郑倩：高级教师，合肥市小学音乐教师培训基地授课专家，合肥市骨干教师，合经区小学音乐兼职教研员，合经区音乐学科带头人。

沈悦老师执教的《空山鸟语》是一首二胡独奏曲，乐曲通过较高的演奏技巧，生动地描绘了一幅“空山—鸟语”的画面。在这节课中，沈老师用山前静悄悄，山中鸟欢鸣的游览方式带领学生分段聆听学习了整首乐曲。也让学生更好地理解“空山”和“鸟语”之间形成的鲜明对比。这首乐曲是二胡独奏曲，二胡又是中国民族乐器，沈老师用聆听、观看、模仿等方式让学生认识二胡，喜爱上二胡。第三段音乐：鸟儿欢闹是整堂课的亮点。学生真正地做到了参与其中，用口技、肢体、鸟笛形象地刻画出了一只只形象鲜活的小鸟们正在山谷中聊天、唱歌、跳舞、翱翔……仿佛在开一场热闹的鸟儿音乐会。这段的教学不再局限于传统的教学模式：教师教，学生学。而是师生一起融入音乐，融入课堂，从而也大大提高了学生学习的积极性。

授课教师简介

沈悦

二级教师，教龄6年，合肥市红星路小学音乐教师，合肥市王蓓蓓小学音乐教育名师工作室成员。在职期间对工作实事求是，责任心强，积极肯干，对教学积极负责，同时能根据学生的身心发展特点因材施教，深受学生们的喜爱。在2017年庐阳区第八届中小学课堂教学评比中荣获一等奖；先后获得庐阳区基本功比赛钢琴专项一等奖，庐阳区第二特长比赛二等奖；2019年获得安徽省“一师一优课”。2019年有幸加入王蓓蓓小学音乐教育名师工作室，在2020年获得工作室优秀成员。她喜欢和孩子们分享所有快乐的事情，用音乐把彼此的心联系在一起，分享他们心灵的感动。她愿意和孩子们共同成长，共同放飞音乐梦想，让美妙的音乐伴随他们每一天，让音乐画出的美妙风景陪伴他们一生。

《杨柳青》教学实录与评析

合肥市太湖路小学　朱守琼

【课型】

音乐欣赏课

【教学内容】

民乐合奏
人音版小学音乐三年级下册第四单元《春天的歌》
第一课时《杨柳青》

【教材分析】

民乐合奏《杨柳青》是根据江苏民歌《杨柳青》改编而成。《杨柳青》是江苏扬州地区最富代表性的民歌之一，歌曲最早的歌词与“柳色青青”有关，在流传的过程中逐步成为脱离歌词内容的衬词“杨柳叶子青啊谑”，歌曲因此而得名。

这首器乐曲为D宫调式，2/4拍。全曲速度较快，情绪欢快活泼、热情风趣，表达了人们对美好生活的歌唱和对家乡的热爱。全曲根据主奏乐器的不同分为三个段落，六个部分，通过主奏乐器的变化（笙、琵琶和柳琴、二胡、笛子、中阮、器乐合奏）、旋律的转调、发展与加花等方法使乐曲变得更加丰富生动。

【学情分析】

三年级学生活泼好动，喜爱音乐，乐于表现，对于民族乐器有一定的了解，比较熟悉二胡、琵琶、笛子等乐器的音色及演奏姿势，对于本课中柳琴、中阮、笙等乐器比较陌生。听辨乐器音色是学生的一项挑战。另外能感知到音乐作品的风格和韵味对于三年级学生也是一个较难的过程。

【教学目标】

1. 在学唱和聆听《杨柳青》过程中，想象音乐表现的江苏地区“春”的意境和劳动的热闹欢腾。

2. 学生通过聆听民乐合奏《杨柳青》，感受乐曲明快、清新的民歌风格，能听辨出乐曲中主要演奏乐器的音色。认识民族乐器——笙，并记住笙的音色特点。

3. 能记住和哼唱主题，并能编创相应的动作表现音乐旋律的变化。

4. 能感知到民族音乐作品的风格与地理位置、风土人情有着紧密的联系。

【教学重点】

1. 能听辨并表现出乐曲中的主要演奏乐器的音色和演奏姿势。

2. 感知江南丝竹音乐细腻婉转，清雅秀丽，同时又不乏热情风趣之韵味。

3. 了解作品的创作方法，引导学生尝试有新的创作。

【教学难点】

1. 以奥尔夫教学理念指导下设计多样的音乐教学活动，引导学生参与音乐，感受民乐的魅力。

2. 引导学生课后对《杨柳青》进行新的创作。

【教学时间】

一课时

【教学准备】

课件、钢琴、教材、绿色纱巾、柳条和小船等图片、打击乐器

【教学过程】

（一）江南春色

1. 情境导入

师：同学们，春天来了，大家可以用什么样的词语来描绘春天呢？

生：百花盛开、生机勃勃、姹紫嫣红、阳光明媚……

师：春天多么美好，老师也想用宋代诗人朱熹的有名诗句“等闲识得东风面，万紫千红总是春”，来表达对春天的赞颂。

师：你们还能想起哪些有关春天的诗词名句呢？

生：“春眠不觉晓、处处闻啼鸟”；“天街小雨润如酥，草色遥看近却无”……

师：古往今来多少文人墨客用妙笔描绘春天，表达对春天的赞美和喜爱。音乐家们也常常用动听的旋律和美妙的歌声来表现春天，歌唱春天。

生：我知道春天的歌曲有《郊游》《春天在哪里》《小燕子》……

师：同学们知道的还真不少。你们可以模仿春姑娘的歌声吗？

生：“呼——呼——”“叽叽喳喳”“淅沥沥沥”……

师：同学们已经用大自然的各种声音创作了一首春天的赞歌。

师：春天微风拂面，百花盛开，都是静悄悄的，那我们春姑娘的歌声，力度是强一些好，还是弱一些好呢？

生：当然是要弱一点，才能体现春姑娘的悄悄来临和恬静美好的样子。

师：老师发现同学们都是观察大自然的小能手，都是报春的小使者。

设计意图：春天有美妙的声音，春天有百花盛开，春天有和风细雨，春天有明媚的阳光……学生们对于春天的感知非常细腻，再通过回顾描述春天的词语、古诗、歌曲、大自然的声音等引起学生对春天的无限向往，迫切要和老师一起走进春天，走进春天的音乐作品中，为民歌《杨柳青》的教学营造美丽的情境。

评析：音乐的教学就是为了情感的体验和激发，通过学生们对春天的了解和喜爱，引导学生不断具备音乐学习的主体性、主动性和创造性，奥尔夫教学法理念中特别强调：要引导学生从对大自然的观察中去发现音乐产生的本源和本质出发，即“诉诸感性，回归人本”。在自然和生活中，有很多的声音被看作是混乱无序的，这些都是节奏旋律的来源，都会成为教学中节奏和音色的素材。

2. 初体验民歌《杨柳青》

师：春天如此美好，让我们赶紧乘上小船“烟花三月下扬州”吧，听！远远地传来了优美的歌声，你们能给这首歌起个好听的名字吗？

生：《美丽水乡》《荡舟湖上》《田间劳动》《杨柳依依》……

师：同学们起的名字都很有想法，这是一首江苏扬州的民歌《杨柳青》。歌名取自“柳色青青”之意。我们来完整聆听这首民歌，同学们可以闭上眼睛，仿佛坐在游船之上，用自己身体微微的动作（或摇摆，或点头）来体验歌曲：情绪如何？速度怎样？仿佛看到了怎样的画面？

生：老师，我从歌曲中能感受到扬州处处春意盎然，美不胜收。

生：感觉这首歌欢快有趣，节奏紧密，速度稍快。

生：老师，歌曲唱的内容我很多听不懂，好像还有很多衬词，不过很有韵味。

师：你们的小耳朵太灵敏了，歌词听不懂，那是因为使用了方言来歌唱，正是方言的使用才让歌曲更具有地方色彩和韵味。

师：接下来，老师会播放扬州的音画视频，帮助大家对扬州这座城市以及民歌有更直观、更深入的体验。

生：扬州景美，歌美，具有细腻柔婉，清雅秀丽的风格。

师：再次聆听普通话版本的音乐，模仿老师的动作，感受歌曲的节拍。

生：我想设计和老师不一样的声势伴奏，可以吗？

师：当然可以，注意强拍和弱拍，力度和音色上要有所区别。

师：这首歌太有趣了，老师也想来唱一唱，请大家用自己设计的身体律动或节奏拍击，为老师伴奏。

设计意图：在丰富的民族音乐中，虽形式简单、短小，却往往是经过口头传唱、老幼皆知、雅俗共赏，堪称是千锤百炼的“经典性”作品，《杨柳青》

就是在江苏扬州一代流传甚广的地方民歌。但是现在的小学生，特别不是江苏扬州地区的学生对于这首歌曲的接触是非常少的，教师就需要通过设计多种方式来引导学生反复聆听和体验这首民歌，熟悉歌曲旋律，从感性上喜欢上这首民歌，并有继续学习的愿望和冲动。

评析：教师是学习的引导者、诱导者和参与者，这是奥尔夫教学法理念的重要观点。儿童对客观世界的认知主要通过感官的直觉体验，儿童时期是生性好动、精力充沛的。对于歌曲的学习，要符合小学生的生理心理特点，可不能简单地出示歌曲，而是引导仿佛坐在摇摆的小船上，闭上眼睛欣赏和想象画面，并给歌曲起个合适的歌名，音画视频的加入，对于扬州这座秀丽的城市有了更直观生动印象，引导用多种身体的动作体验歌曲，从感性逐渐进入理性。

3. 学唱歌曲

师：再听音乐，并用色块标识出典型节奏 XX X0 |。

生：学生设计多样的拍击节奏的方式。

师：师生接龙，固定节奏型的地方由学生表现和唱谱，其他部分由老师完成。

师：跟着钢琴学唱歌曲，注意一字多音和附点节奏的准确。

生：在XX X0 |处加拍手或敲击打击乐器，感受春天里劳动的快乐。

师：按照节奏朗读歌词，寻找歌词的特点，衬词的大量使用，表现了人们在田间地头的即兴创作，这是民歌的特点之一。歌词不是很规范地排列，但是能够表现劳动时的喜悦、热闹的场景。

生：衬词的使用特别有意思，有着独特韵味。如果没有衬词的加入，歌曲会变得平淡无奇。

师：对比普通话和方言歌唱的感受有何不同，尽量模仿扬州方言歌唱，凡是zhi、chi、shi处发音zi、ci、si。

生：尝试用方言读歌词，唱歌曲，能够感受扬州民歌的韵味。

师：在歌唱的同时，尝试加入一个顽固伴奏或念白的形式：“杨柳叶子青啊谑”表现农民们劳动的热闹场面。

设计意图：引导学生设计参与音乐活动，寻找到旋律中典型的节奏型，方言等感受江南民歌的柔婉秀丽又热情风趣的独特韵味，用轮唱、拍击或用rap打破歌词原有节奏或其他表现形式，营造劳动的忙碌和开朗，学生们熟悉了主题旋律，也为欣赏民乐合奏《杨柳青》做铺垫。

评析：奥尔夫教学法理念的渗透：节奏可以说是音乐诸要素中与人的生活、心理感知活动关系最为密切的部分，是音乐进行的时间组织者，是串起音符珍珠的线，是音乐的骨架，在音乐中有着重要的地位，歌曲中出现的典型节奏虽然短小，但始于原本性的节奏，XX X0 | 最容易让学生掌握并能尝试多种方式去表现，由于无技术负担的固定音型，可以成为学生的一种无意识或半无意识的说、唱、动、奏，训练了学生一脑多用和身体的协调。关于寻找一个固定音型，可以是一个简短的旋律、节奏或歌词的念白。语言的节奏和韵律能使音乐更有美感和动力感，“张、驰、紧、缓”的原则和合理的运用，能为歌曲情感的表达锦上添花，例如可以选用“杨柳叶子青啊谑”这句念白，在作为顽固伴奏时，注意与旋律节奏的互补性，尽量与旋律节奏不同步，形成多层次的听觉体验。

（二）江南丝竹

1. 听赏笙演奏的主题旋律

师：欢快的节奏、有趣的衬词、有韵味的方言都让我们更加喜欢上《杨柳青》这首江苏民歌，用乐器演奏又会有怎样的感受呢？接下来我们来听用笙这个民族管乐器演奏的《杨柳青》旋律。请同学们看笙演奏的视频片段是如何演奏的？用什么样的声音能模仿笙的音色呢？

生：学生们把书本卷成一个筒状，两手捧着书筒的下端，模仿笙的演奏动作，嘴巴里发出“di，di，di”的声音模仿笙的音色，身体还随着音乐的节奏摇摆起来。

师：同学们的想象力真丰富，表演也很到位。

师：笙这样乐器我们平时很少能见到，下面我们通过微课，了解下笙：中国民族管乐器，一般用十三根长短不同的竹管制成，是中国古老的簧管乐器，由每根管子中的簧片振动发声，是吹管乐器中唯一的和声乐器，也是唯一能吹吸发声的乐器，其音色清晰、透亮，音域宽广，感染力强。

生：笙这件民族乐器很神奇，音色也很独特。

师：我们跟随笙演奏的《杨柳青》旋律，小声哼唱，模仿演奏。

设计意图：认识笙，通过听、看、动作、模仿音色，加强对笙的认知，巩固对主题旋律的记忆。

评析：用“听辨、观看、模仿动作、哼唱”多种形式让学生多种感官全面发展，大脑和肢体相互合作获取信息，记忆主题，积累经验，在感觉统合的基础上，通过多种不同的刺激，让学生自觉尝试、记忆和分辨。这是奥尔夫教学法理念的体现。

2. 完整聆听民乐合奏《杨柳青》

师：下面来完整聆听由江苏民歌《杨柳青》旋律改编的民乐合奏，其中就用到了民歌音乐做主题旋律的呈现，多次变化演绎让民歌焕发了新的生命。我们来完整聆听，听到熟悉的旋律就举手示意，请听出主题共出现了几次？

生：老师，我听出主题共出现了四次，每一次乐器的使用都不太一样。

师：其他同学，你们的答案呢？都是四次，说明同学们的小耳朵可灵敏了。这四次主题都分布在全曲的哪个部分呢？

生：音乐的开头部分有两次，结束部分也有两次，后面的主题更加热闹欢腾。

师：请两位同学来到黑板前，分别摆放四张柳条的图片。

3. 分辨民族乐器

（1）分辨乐器

师：刚欣赏的《杨柳青》是由中国民乐队合奏表演的，请大家看看屏幕上的乐器，哪些是你们熟悉的呢？（呈现琵琶、柳琴、二胡、中阮、笛子等）

生：我认识琵琶，我们曾听过琵琶协奏曲《草原放牧》。

生：我认识二胡，听过由二胡演奏的《赛马》。

师：这些乐器，有大家熟悉的，也有大家比较陌生的，比如中阮和柳琴。

师：我们玩个游戏吧，请个别学生到台前做出其中一样乐器的演奏动作，让其他同学来猜。

生：我要表演！

生：我来猜！

设计意图：民乐合奏版《杨柳青》，用到多样乐器，有学生认识熟悉的，如琵琶、二胡等，也有学生不太熟悉的柳琴、中阮等，需要对这些乐器的形状、音色和演奏仿佛都要有所了解，才能降低听赏乐曲的难度。需要了解的乐器比较多，占用时间也会比较多，要有详略的处理。

评析：奥尔夫教学法理念的渗透：设计游戏化的音乐活动，能自然打开学生多种感觉器官，“玩起来”能提高听音乐的兴趣，提高分辨乐器音色的能力，还活跃课堂气氛、提高教学质量。

（2）分辨琵琶、柳琴的音色特点

师：由笙吹奏的歌曲旋律主题，我们比较熟悉了，那如果改变乐器来演奏，我们还能听出来吗？播放第二个演奏片段，并提示不止一样乐器哦。

生：我能听出有琵琶的声音，其他的乐器听不出来。

师：能听出有琵琶已经很不错了，另外一件乐器是柳琴，形状和演奏方式都很像琵琶，但是体积要小很多，音色会更加明亮，我们可以模仿这两件乐器的演奏姿势。

生：老师，两件乐器都是民族拨弦乐器，演奏上如何区分呢？

师：左手位置的高低，就能帮我们进行区分，琵琶体积大，左手位置偏高；柳琴体积小，左手位置偏低，我们来试试。

生：模仿两件乐器的演奏动作，再请一位同学来分辨是哪件乐器，演奏时嘴里可发出“deng，deng，deng”的声音。表现拨弦类乐器“大珠小珠落玉盘”的颗粒感强的音色特点。

设计意图：分辨琵琶和柳琴的形状、音色特点、演奏姿势，巩固对主题旋律的记忆。

评析：奥尔夫教学法理念的渗透：越相似的乐器，在形状和音色上就越难准确分辨，需要教师引导学生亲自参与获得感知、感受、感情的经验，先感性再理性，在形状大小、音色对比上给予指导，再回归到感性上。任何人都有感知音乐的能力，都能领略到音乐的奥秘，教师需要帮助学生发展体验音乐的能力，接受音乐的能力。

（3）分辨中阮、乐器合奏的音色特点

师：将同一个音乐主题，通过不同的乐器演奏，能演绎出不同的效果。听一听，下面这个音乐片段又是由哪件乐器演奏的呢？

生：听起来，音色柔和，也是拨弦类乐器，但不知道是什么乐器。

师：这件乐器叫作中阮，演奏的音偏低，柔和，那么我们能设计什么样的活动参与音乐中呢？

生：用木鱼敲击每个小节的强拍。

生：可以用拍腿的方式伴奏。

生：可以模仿中阮的演奏方法。

师：同学们的想法很多样，我们跟随音乐来试试，看哪种方式参与音乐更合适。

生：我们发现这几种方式都可行，丰富了音乐的表现力，参与表现很兴奋。

师：音乐主题出现了新的演绎，听音乐片段，有了哪些变化和感受？

生：音乐更热闹了，是很多乐器的合奏。

生：感觉速度加快，力度增强，情绪更加激动，仿佛看到劳动人民的汗水、笑容，还有爽朗的笑声。

师：那我们可以设计什么样的活动参与到劳动的喜悦中来呢？

生：音乐速度比较快，不能设计复杂的活动，我们就用手指整齐地拍击桌面，一拍一次，在 xx x 旋律处改拍手，当然你也可以选择其他合适的声势伴奏。

师：这个片段是乐队的合奏，每个人都可以自由选择模仿其中的某样乐器的演奏姿势，加入到乐队的演奏中。

设计意图：同一个主题的旋律，通过不同的配器多次呈现，给学生的听觉感受是丰富多彩的，主题旋律的记忆更加牢固。

评析：奥尔夫教学法理念的渗透：日常生活劳动中的动作本身，都蕴含着丰富的动作节奏教学的素材，原本的音乐绝不是单单只有单纯的音乐，而是和动作的结合，随乐而动，不同于体操和舞蹈，是身体对音乐力度和速度的体现，是音乐声响的体态外化，不要求动作造型的技巧和动作的整齐划一及美感，群体的动作可鼓励不同的动作，即便是搞怪也无妨，关键是音响特征是否用动作表现了出来。动作可以是即兴自由而独创性的，学生们只有在音乐中参与和实践，才能感知音乐所表达的内容和情感。

4. 分段聆听对比

（1）简介江南丝竹

师：民乐合奏《杨柳青》正是运用了弦类和管类的乐器，因而被称为江南丝竹，表现了劳动人民日常生活和劳动的场景。

生：江南丝竹乐听起来秀丽典雅，特别好听。

（2）比较A乐段和A’乐段

师：主题旋律在全曲中出现四次，在情感上有何变化呢？

生：A乐段的两次主题出现，从一件乐器主奏（笙）发展为两件乐器（琵琶和柳琴）主奏，柔美秀丽，展现了江南水乡的美景；A’与A很相似，速度加快，气氛热烈，主奏乐器由中阮到整个民族乐队合奏，表现种植的繁忙，劳动的快乐，情绪更加高涨。

（3）聆听对比B段

师：大家对于主题旋律已是非常熟悉，在全曲中有个对比乐段，音乐发生了怎样的变化？

生：速度变慢，有种柔和摆动的感觉，仿佛坐在小船之上，随波摇动。

生：音乐更柔和，仿佛大家在柳树下休息，看到柳枝飞舞，拂到水面产生了涟漪。

师：同学们的想象力很丰富，那么能听出主奏乐器吗？

生：是二胡和笛子，我仿佛看到小河两岸柳枝飘荡，景色秀丽。

师：江南水乡，河道蜿蜒，两岸人家依水建屋，撑船而行，这样的地理特点塑造了江南水乡，小桥、流水、人家的恬淡生活，让我们也坐上一叶扁舟，去好好欣赏水乡美景吧。

B段音乐由两个类似的主题构成，请同学们把小船的图片贴到黑板上，贴的时候要思考，贴在哪合适呢？

生：贴在A与A’中间的位置。

师：可以设计什么样的活动参与到音乐中呢？

生：可以是坐在船上的轻微摇荡，也可以轻柔地抖动手中绿色的丝带，或起立做柳枝的摇摆。

设计意图：从感性到理性，对音乐的主题出现的次数变化，在全曲中的位置、曲式结构、段落对比有了更明确的认知，对于中国音乐作品的创作手法有了一定的了解，为后面的自由创作给予一些启发和引导。

评析：奥尔夫教学法理念的渗透：表达思想和情绪，是人类的本能，通过语言、歌唱、演奏、动作、舞蹈等自然流露，是人固有的能力，不断启发和提示这种本能的表现力，学生就能够获得不同程度的满足感。在体验中积累经验，兴趣会激发好奇心，并产生想要去了解和发现的冲动，在体验和参与的过程中会全面打开自己的听觉、视觉、运动觉、触觉等感官，感觉器官越敏感，能够获得的感觉刺激则越多，对于知觉的判断也就越准确，多种感官会让大脑和身体完全融入音乐中，感受音乐的流动，情感的发展。

5. 完整聆听，综合表演（还可以是其他声势伴奏）

师：还记得每次主题出现，我们要加入什么样的音乐活动吗？

生：A–a—把书卷成乐器，模仿吹奏笙，嘴巴发出“di，di，di”的哼唱。

A–a1—模仿琵琶和柳琴的演奏姿势，嘴巴发出“deng，deng，deng”哼唱。

B—轻微地摇动身体，或抖动绿丝带，或起立做柳枝的摇摆。

A’–a2—可以模仿中阮的演奏姿势，也可以一拍一次的拍腿动作。

A’–a3—用手前掌拍击桌面，一拍两次，可随音乐力度，增加拍击的力度。

设计意图：为完整聆听和综合表现音乐做准备。

评析：奥尔夫教学法理念的渗透：听赏不仅是耳朵的聆听，要鼓励学生“动”起来，综合式、即兴式，在学习中动脑、动手、动脚，全身心感受和表现音乐，充分运用人体各部位或者身边可利用的音源参与到表现中，就能很轻松地接受音高、节奏、听辨、合作等综合表现音乐能力的训练。综合表现是检验学生学习情况的直观反馈，可以用规定的表现手法，更加鼓励即兴的有自我特点的自我创作。综合表现属于集体性活动，能体验到合作的乐趣，每个声部，每个人都不可或缺。

6. 模仿创作

今天欣赏的民乐合奏《杨柳青》是采用江苏民歌《杨柳青》作为主要创作素材，通过改变演奏的乐器，力度速度的变化等手法创作的，相信同学们也能根据自己的理解和能力，进行小组合作，创作属于你们自己的新作品《杨柳青》，期待着下节课大家的精彩展示。

设计意图：从民歌《杨柳青》的学习，到由民歌为素材的民乐合奏《杨柳青》都透露给学生很多中国传统音乐创作的手法，不期待十分满意的作品，关键是在体验和创作中积累的经验往往比结果更加珍贵和富足。

评析：即兴创作是奥尔夫教学法最核心的要点之一，通过学生自己设计自己的音乐，或歌唱、或伴奏、或吟诵、或动作、或舞蹈，必然能促进学习音乐的主动性，即使创作的作品很简陋，在轻松的创作氛围中互相启发，就会有很多创意，而教师只要创造轻松的氛围，给学生自由发挥的机会，多鼓励，多肯定，给予目标、情感表达方面的指引，学生的音乐作品会一步步丰满、成熟起来。

（三）江南掠影

1. 苏州评弹

师：江南水乡由于地理位置的特殊性，自古就是经济文化繁荣发达的地方，来自民间的艺术创作更是精彩纷呈，今天我们感受了民歌、丝竹的细腻柔婉、清雅秀丽的风格，接下来再品味一下苏州评弹的独特韵味，在那吴侬软语声中将传奇小说和民间故事娓娓道来。

2. 地方戏曲文化

师：江南是个人杰地灵的地方，除了苏州评弹这种独特韵味的曲艺，还有种类繁多的戏曲，越剧、沪剧、黄梅戏、昆曲、锡剧、扬剧、淮剧、泗洲戏、淮海戏等都值得我们去细细品味。

3. 鱼米之乡，苏州园林、古镇新颜

师：江南享有“人间天堂”之美誉，更是鱼米之乡，物产丰富，美丽而富庶；苏州园林，是世界文化遗产，享有“江南园林甲天下，苏州园林甲江南”之美誉，能够“咫尺之内再造乾坤”，园内亭台楼榭一步一景；而江南古村落更是散落在民间的珍珠，小桥流水人家，粉墙黛瓦，拱门花窗，都等待着大家去探访呢！

4. 文化自信与传承

春天如此之美好，春天的江南更是让人流连忘返，正如唐朝诗人白居易对江南的赞颂“江南好，风景旧曾谙。日出江花红胜火，春来江水绿如蓝。能不忆江南？”

让我们满怀对江南春色的无限向往，喜爱并不断传承劳动人民智慧的结晶，民歌、民乐、曲艺、舞蹈、戏曲、建筑这些文化瑰宝。

设计意图：拓展学生视野，了解民歌民乐都离不开人们日常生活，与地理、环境、语言、民俗、文化、建筑等有着紧密的联系。

评析：为学生进一步熟悉、了解地方文化做了充分的准备，使民族文化得以传承。

（四）结课

在《杨柳青》音乐声中，同学们用自己喜欢的表现形式离开教室，去寻找家乡的春韵。

提醒同学们，别忘了小组内对《杨柳青》有新的创作，下节课交流。

【名师点评】

王蓓蓓：高级教师，安徽省特级教师，合肥市小学音乐教师培训基地领衔名师、合肥市王蓓蓓小学音乐教育名师工作室领衔名师，合肥市音乐学科带头人。

传统民间音乐的“思维模式”虽然简单，却能生成无穷尽的新结构，正如朱守琼老师执教的民乐合奏《杨柳青》，它通过对民歌《杨柳青》的创作发展，有了更新的演绎，与奥尔夫教学法创造性要求是极其相似的，朱守琼老师在教学过程中处处渗透奥尔夫教学理念，实施“洋为中用、古为今用”的多种方法：教师作为学习的引导者、诱导者和参与者，引导学生从对大自然的观察中去发现音乐产生的本源出发，通过学生们对春天的了解和喜爱，引导情感的体验和激发；儿童时期是生性好动的，通过聆听想象、音型伴奏、歌词念白、方言歌唱、听辨乐器、模仿演奏、主题记忆、体态律动、即兴创作、合作表现等方式，鼓励学生“动”起来，“玩”起来，综合式、即兴式，在学习中动脑、动口、动耳、动手、动脚，全身心感受和表现音乐，充分运用人体各感觉器官，利用身边可利用的一切音源，有效提高学生参与音乐的兴趣，感知音乐所表达的内容结构、创作手法和情感表达；引导学生通过亲身实践，激发主动学习，培养学生的创造力，这也与中国古代教育思想中的“寓教于乐”观念不谋而合。民歌民乐都是非常有地方色彩和韵味的音乐作品，通过作品就能了解一方的人文历史，本课的教学形式丰富，激发了学生的主动性与探索的欲望，实现了“教”与“学”的目的，让所有学生都喜欢它、爱上它、传承它、发扬它，产生民族文化的自信心和自豪感！

授课教师简介

朱守琼

高级教师，教龄28年，合肥市太湖路小学音乐教师，合肥市小学音乐教师培训基地授课专家，合肥市学科带头人。坚守音乐教学一线，在教学中不断钻研，业务上不断精进，成长为安徽省教育评估专家库成员、安徽省教师资格证认证专家、安庆师范大学校外硕士生导师、合肥幼儿师专客座教授。先后被授予合肥市优秀教师、艺术教育先进个人，包河区名师，名师工作室领衔人，工作室成功加入全国音乐名师工作室联盟，包河区优秀教育工作者、美德教师、优秀共产党员。全国音乐教育资源评审专家、中国教师研修网研修坊主、安徽省音乐优质课现场赛评委、合肥市小音基地授课专家。是安徽省、江西省国培项目，亳州市、六安市、肥西县等地区音乐教师专业培训讲座专家。

十多次在国家、省、市级教学评比中获得佳绩，十多篇论文获奖及在CN刊物上发表和交流，是四项省级、国家级课题研究的主要负责人之一。

《渔舟唱晚》教学实录与评析

合肥市红星路小学　程丽萍

【课型】

音乐欣赏课

【教学内容】

古筝曲

人音版小学音乐五年级上册第一单元《朝夕》

第四课时《渔舟唱晚》

【教材分析】

《渔舟唱晚》是近代古筝家娄树华在20世纪30年代中期，根据古曲《归去来》的素材，加工改编而成的一首传统筝曲。表现了夕阳西下、湖面歌声四起，满怀丰收喜悦的渔民，驾着片片白帆，纷纷而归的动人画面。标题取自唐代王勃的诗《滕王阁序》中“渔舟唱晚，响穷彭蠡之滨”一句。

第一部分用慢板奏出韵致悠扬而富于歌唱性的旋律，优美而舒缓，音乐安宁而悠远，抒发了对滨湖晚景赞赏的情怀。接着音乐逐渐活泼流畅，旋律的律动渐快。仿佛渔民唱着渔歌抒发着满载而归的喜悦之情。乐曲的第二部分活跃欢快，表现了渔船破浪疾驰的场面。第三部分通过复式递升递降的旋律发展手法使旋律循环往复、跌宕起伏。形象地刻画了荡桨声、摇橹声和浪花飞溅声。随着音乐的发展，速度逐次加快，力度不断加强，加之突出运用了古筝特有的各种按、滑、迭用的奏法，展现出渔舟近岸、渔歌飞扬的热烈情景。最后在高潮突然切住后，尾声缓缓流出，最后结束在宫音上，出人意外又耐人寻味。

【学情分析】

五年级的孩子思维活跃，非常喜欢音乐，他们的求知欲也很强，教师应当放开手让学生自由地去想象，学生同样具有一定的分析和欣赏音乐的能力以及较强的语言表达能力和合作探究的能力。他们能够认识常见的中国民族乐器，并能听辨其音色的能力。能够听辨旋律的高低、快慢、强弱，能够感知音乐的主题，听唱和模仿的能力较强。在本课中，教师亲自示范演奏，使学生更直观地参与到聆听当中，引导学生从速度、情绪等音乐要素聆听、想象，使学生置身于音乐情境当中，激发五年级学生学习民族音乐的兴趣。

【教学目标】

1. 学生通过欣赏《渔舟唱晚》，了解中国优秀传统音乐文化，增强对民族音乐的喜爱之情。

2. 通过聆听、模唱、表演来感受《渔舟唱晚》所描述的画面。

3. 聆听乐曲，熟悉乐曲，加深对乐曲各乐段的体验和理解。

【教学重点】

聆听乐曲，体验乐曲表达的情境和意境。

【教学难点】

学生对乐曲各个乐段的体验和理解。

【教学时间】

一课时

【教学准备】

钢琴、古筝、多媒体

【教学过程】

（一）导入新课

1. 教师演奏乐曲《渔舟唱晚》片段

师：请同学们观看这样的四幅图片，如果老师想请你们为这四幅图片配上一段音乐，你们会选择什么情绪和速度的音乐呢？

（出示四幅图片）

生：我会配上较为缓慢的、温和的音乐。

师：还有同学有其他的想法吗？

生：我会配上美妙的、前面慢后面快的音乐。

师：同学们都非常有自己的想法。那老师听完同学们的想法，我也想配一段音乐。请同学们仔细观看接下来的视频，想一想老师演奏的音乐与视频中出现的图片是否吻合？

（教师弹奏《渔舟唱晚》片段，播放图片动画）

（预设）生：吻合。

设计意图：学生通过观看图片、视频和聆听教师演奏乐曲片段，给学生一种新鲜感，很好地创设了教学情境，吸引了学生的注意力，同时引导学生想象选择符合画面的音乐，增强学生学习的主动性，感受和体验筝曲的艺术魅力，使学生对古筝艺术产生兴趣。

2. 简要介绍中国民族乐器——古筝

师：有同学知道老师演奏的乐器是什么吗？

生齐答：古筝。

师：班里有没有学习古筝的同学，我想请你上台来为同学们简单介绍你对古筝的了解。

生上台介绍：古筝又称琴筝，它是弹拨类乐器，它是我们民族乐器，由21根琴弦组成，它分为五个音区，分别是倍低音、低音、中音、高音、倍高音。它只有12356五个音。

师：看来这位同学的古筝知识很丰富，将老师想介绍的和没有介绍的都说了，让我们掌声鼓励一下她吧！接下来让我们再来一起认识古筝这个乐器吧。

师总结：古筝又名汉筝或秦筝，古筝是中国汉民族传统乐器中的弹拨乐器。它的音色优美，音域宽广，演奏技巧丰富，具有相当强的表现力。（出示课件）你们看，古筝像是一个躺倒的睡美人，我们人分头、身体、脚三个部分。古筝它也由琴头、琴身和琴尾组成。

（师边说边通过引导学生观察实物古筝进行介绍）

设计意图：简要了解民族乐器——古筝，让学生对古筝有初步的认识和了解并通过“小老师”的形式，能够加强学生学习的主体性，更能激发学生学习和了解古筝的兴趣。

3. 揭示课题

师：今天我们就来欣赏由著名古筝演奏家娄树华根据古曲《归去来》改编而成的《渔舟唱晚》。让我们一起齐读课题：渔——舟——唱——晚。

齐读板书课题《渔舟唱晚》（边说边书写板书）

设计意图：明确本节课学习的具体内容。

评析：由于本节课所要欣赏的作品对于学生来说可能比较枯燥，所以，通过观看图片来引导学生说出适配的音乐速度，启发学生思考，再引出古筝演奏乐曲片段并观看视频动画，更能使学生代入渔夫的身份，感受夕阳西下，湖面从安静到热闹，最后渔船渐行渐远的优美景象，也能更好地激发学生聆听的兴趣。接着引导学生说出他们对古筝的认识，由学生自己介绍更能让学生有课堂的参与感，激发学生学习的积极性和主动性。通过古筝和音乐自然地引出课题。

（二）欣赏《渔舟唱晚》

1. 完整聆听全曲

（1）播放第一遍完整音乐

师：请同学们仔细聆听音乐，感受乐曲描述了怎样的画面？（出示课件）

生：乐曲描述了渔夫们划着渔船在钓鱼，太阳落山，渔夫们都回家了的画面。

师：你的描述让我仿佛已经看到了渔夫们，还有同学来说一说吗？

生：乐曲描述了夕阳西下，渔夫们收获满满，非常开心的心情。

（2）播放第二遍完整音乐

师：同学们的想象力都非常强，请你们再次来听一听，这次想一想乐曲的情绪和速度有没有发生变化呢？

生：有变化。

师：有怎样的变化呢？你能来说一说吗？

生：乐曲前段比较安静，后面情绪非常开心、欢快。

师：你的感受力非常强！

师：那速度呢？发生了怎样的变化呢？

生：有变化，前面慢中间快后面又慢了下来。

师：你聆听得可真仔细啊，前面速度比较慢，仿佛夕阳西下，水面上波光粼粼，湖面上停着两三只渔船。中间部分速度快起来了，原来是夜幕降临，岸边开始热闹起来了，渔夫们收获满满，高高兴兴地唱着歌回家了。最后夜深了，速度又开始放慢，湖面上恢复了平静，渔夫们和岸上的人们都回家休息了。同学们，让我们也一起走进音乐去感受这美丽的画卷吧。

设计意图：以学生为学习主体、音乐为本，通过完整聆听乐曲，给予学生想象空间去聆听音乐、表达音乐，从而激发学生音乐的想象能力。

评析：这首乐曲是一首古筝曲，通过学生聆听、学生思考、教师讲解让学生自己体会音乐并运用想象生成画面，能理解音乐情绪和速度对比联想出一幅画卷，引导学生自由的讲述初次感受到的音乐意境。提高了学生音乐欣赏能力和分析能力，使学生对乐曲有整体感知。

2. 欣赏《渔舟唱晚》第一部分

师：让我们一起走进第一幅画卷吧。

（1）聆听第一部分音乐

师：请你听一听、想一想，这一段音乐它表现的是平静的还是热闹的黄昏美景呢？（播放第一部分音乐）

生：表现的是平静的黄昏美景。

师：速度和情绪是怎样的？

生：速度缓慢，情绪是优美的。

（教师出示相对应的美景图片）

师总结：同学们听得都很认真，我相信你们也都沉浸在了这段音乐中。这段音乐平静舒缓，我们仿佛能够看到湖面上波光粼粼，三三两两的渔船停留在湖中央，渔夫们都惬意地躺在渔船上。有一位少年他和我们一样，也看到了这样的美景，他感到非常激动，这个少年他是谁呢？原来是少年时期的王勃，他在干什么呢？让我们一起走进去看一看。

（2）介绍乐曲出处

师：唐朝诗人王勃年少时去探望父亲时，途经江西南昌，正巧赶上滕王阁的大宴会，于是他站在滕王阁上面对滔滔江水吟诵出了这样的诗句。让我们来听一听他吟诵的诗句："云销雨霁，彩彻区明。落霞与孤鹜齐飞，秋水共长天一色。渔舟唱晚，响穷彭蠡之滨；雁阵惊寒，声断衡阳之浦。"（教师跟随音乐朗诵）

师：老师觉得我的朗诵不能够表达诗人王勃的心情，那接下来我想请同学们跟我一起读一读。

设计意图：通过聆听感受画面引出乐曲标题的来源，对此进行简单介绍，创设教学情境，引导学生初步了解作品，对乐曲有进一步的认识。

（3）配乐诗朗诵

师：请同学们带着情感跟着老师读一读。（不跟音乐）

《滕王阁序》（部分）：披绣闼，俯雕甍，山原旷其盈视，川泽纡其骇瞩。闾阎扑地，钟鸣鼎食之家；舸舰弥津，青雀黄龙之舳。云销雨霁，彩彻区明。落霞与孤鹜齐飞，秋水共长天一色。渔舟唱晚，响穷彭蠡之滨；雁阵惊寒，声断衡阳之浦。

师生朗读

师：同学们读得非常有感情，我相信你们面对这样的美景也会和王勃一样非常激动，现在我想请同学们跟着我跟上音乐一起读一读。

师生一起跟着音乐朗读

师：同学们朗读得非常有意境，但是速度较快，不够整齐，现在请你们自己跟上音乐读一读，这一次放慢速度，想象自己就是少年王勃，站在滕王阁上吟诵诗句。

生朗诵，师用动作引导学生朗读速度。

师：（鼓掌）听完同学们的朗诵，我仿佛已经站在滕王阁上，看到了黄昏的美景。

设计意图：通过配乐诗朗诵，引导学生体会当年王勃站在滕王阁上看到美景的感受，体会音乐情绪。

评析：由于这首乐曲的标题就出自王勃的诗句，奥尔夫理念中，将语言、音乐结合起来因此通过故事和诗句与滕王阁上的美景相联系，以配乐朗诵的方式，营造学习意境，激发学生学习兴趣，加深学生对乐曲第一部分的了解。拓宽了音乐与文化相联系的领域。

3. 欣赏《渔舟唱晚》第二部分

师：接下来让我们看一看还会发生什么，让我们一起走进第二幅画卷吧。

（1）初次聆听第二部分音乐

师：感受歌曲描述的画面是怎样的？（播放第二部分音乐）

生：我看到了很多海鸟在飞翔，我还看到了渔夫们在渔船上捕鱼。

生：仿佛看到渔夫在划着船，湖面上出现了很多浪花。

师：是的，渔夫们之前撒下的渔网可以收网了，他们开始划着船向着落网的位置去，激得湖面泛起了一层层的浪花。

（2）跟着钢琴演唱第二部分曲谱

师：接下来请同学们跟着老师的琴声带入安静优美的气氛，一起唱一唱谱感受美景，并且找一找每一小节开头分别是什么音？（出示课件）

师生演唱曲谱

师：有同学知道每小节开头分别是什么音吗？

（3）再次聆听第二部分音乐：画旋律线条，思考旋律进行方向。

师：这位同学的音乐知识很丰富，那我们再次聆听，这一次请你伸出手指跟我一起画一画，想想这一部分的旋律进行方向是怎样的？

（边听变化旋律线条，课件中按照旋律进行方向出示线条）

师生跟着音乐画旋律线条

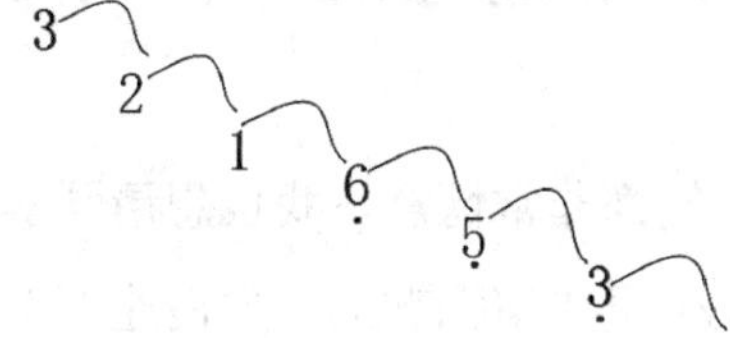

（播放第二部分音乐）

生：旋律往下走。

师：有同学知道为什么旋律会往下走吗？

生：是因为黄昏，夕阳西下。

师：你的想象力非常丰富，感受能力也很强！

设计意图： 通过演唱，划旋律线引出旋律走向从而引导学生思考感受音乐情境，再次聆听，通过思考旋律进行方向引出夕阳西下的景色。

（4）创编旋律歌词

师：接下来我们再次聆听乐曲，这一次请同学们把自己当成少年王勃，想一想当你们站在滕王阁上会看到怎样的景物呢？（出示图片）

播放第二部分音乐

师：你看到了什么？

生：水、云、鱼、人。

师：你看到的景物可真多呀，你还能看到什么？

生：山、日、月。

师：同学们的联想力很丰富，我们看到了很多场景，和少年王勃看到的场景一样，当我看到这些景物时情不自禁地演唱出来了。

师唱水儿悠悠……

师：当然，除了我们看到的，还有这些（出示图谱）老师将你们看到的景物编了几句歌词，请你们听一听。（教师弹琴演唱歌词）

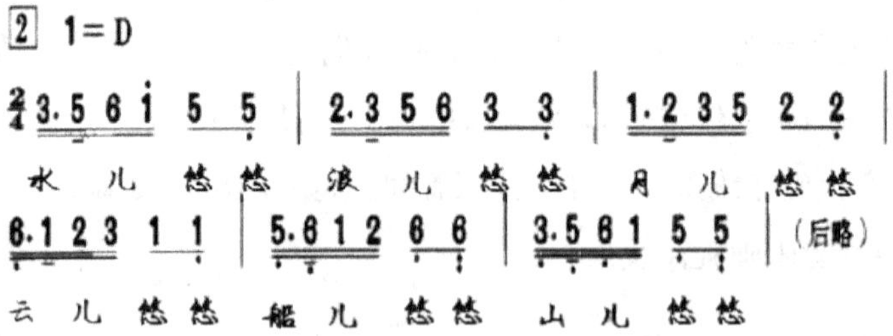

2 1=D

2/4 3.561 5 5 | 2.356 3 3 | 1.235 2 2 |

水 儿 悠 悠 浪 儿 悠 悠 月 儿 悠 悠

6.123 1 1 | 5.612 6 6 | 3.561 5 5 | （后略）

云 儿 悠 悠 船 儿 悠 悠 山 儿 悠 悠

师：夕阳西下，渔夫们都非常惬意。我也想请同学们一起来唱一唱。

第一遍演唱：师带领生跟琴演唱歌词（放慢速度）

师：这一部分音乐代表着渔夫们看到美景和即将打捞渔网的开心喜悦，让我们加快速度再次演唱。

第二遍演唱：加快速度演唱

生演唱

第三遍演唱：师生合作跟琴演唱歌词

师：接下来老师唱景物，你们来唱悠悠。

师唱水儿，生唱悠悠……

师：同学们演唱得很准确，但是呢，此时并没有打捞渔网，渔夫们都躺在渔船上，当他看到夕阳西下这样的美景时他们的心情应该是怎样的？

生：惬意的。

师：你说得非常棒！那这一次就让我们带着怡然自得的心情再次演唱吧。

第四遍演唱：带入情感进行演唱

第五遍演唱：加入音乐演唱

师：音乐中的速度较快，请同学们先听一听，心里默默地进行演唱。

播放第二部分音乐

师：现在我们跟着音乐一起来唱一唱吧，还是一样，我们分工来完成，我唱景物，你们唱悠悠，注意力集中。

加入音乐演唱

师总结：哇，这又是一幅很美的场景，这一次同学们演唱得更棒了，现在渔夫们划着船去往了他们先前撒网的地方，让我们看看接下来还会发生了怎样的故事吧。

设计意图：展开想象，熟悉旋律，创编歌词。

评析：奥尔夫音乐教学法的核心就是即兴。在本环节中，如果全程只有聆听和想象画面学生也只会觉得乏味、躁动，因此通过音画结合，利用画面感加以歌词进行即兴创编。不仅采用演唱记忆法、听辨法，并在一个个循序渐进的问题下，激发学生表达对音乐画面的感悟。通过他们眼中的景物，让学生发挥想象力，打开他们的创造性并将想象里看到的景物加以描述出来。使学生对旋律的熟悉及了解乐曲起到了很大的作用。

4. 欣赏《渔舟唱晚》第三部分

师：接着让我们一起走进第三幅画卷。

（1）完整聆听乐曲第三部分

师：请同学们听一听第三部分音乐描述了怎样的画面？

播放第三部分音乐

生：夜幕降临，渔夫们满载而归，高高兴兴地唱着歌曲回家了。

师：乐曲的速度、情绪发生了怎样的变化了呢？

生：情绪更加激动、欢快和喜悦。

师：那速度呢？

生：速度越来越快。

师：你们聆听得可真仔细呀！

（2）模仿古筝演奏

师：第三部分如此欢快，其实在这个地方有段古筝演奏当中的记号，我们一起来听一听这个记号在古筝演奏中会发出什么样的声音。

（师演奏一部分，学生聆听）

师：大拇指向上划去，这个声音让你们想到了自然界什么声音？

（预设）生：流水声。

师：是的，没错，像流水的声音，它是以刮奏的形式演奏的，接下来请同学们想象面前都摆着一架古筝，现在你们就在鄱阳湖上，模仿老师刮奏的动作。感受乐曲欢快、喜悦的第三部分吧！

师教学动作：勾、托、劈、大拇指从自己怀里的方向向上刮奏，循环反复

（生模仿）

师：请同学们跟着我完整地来试一试，请将你们的左手放在“古筝”的左侧摆好，右手做好演奏姿势。现在跟着我一起“勾、托、劈、刮奏”，同学们模仿得非常认真，姿势基本成型，但要注意右手不要抬起太高。

师：有没有同学想要在真正的古筝上进行尝试演奏？（鼓掌）

一生上台演奏

师：这位同学非常有自信，并且演奏技法非常熟练，看来是有学习过古筝。我们一起掌声鼓励她。（掌声）

师：接下来我想请女生跟我一起来做一做、试一试（女生跟随教师模仿），女生的姿势非常优美；接下来男生跟我一起来试一试（男生跟随教师模仿），男生给我一种侠客气势。看来同学们已经掌握了古筝中刮奏的技法。并

且我发现很多同学都有演奏古筝的天分，在演奏时表现力极强，现在我想加大难度，你们接受挑战吗？（接受）

第一遍跟音乐演奏：

师：现在我们跟着音乐来试一试，在音乐中，渔夫们的船越划越快，音乐中的速度也会越来越快哦。

生跟随音乐演奏

第二遍跟音乐演奏：

师：跟上音乐我发现很多同学在后面越来越快的地方有些手忙脚乱，现在跟上我，女生先跟上音乐进行演奏，男生再演奏。

生分组跟音乐演奏

第三遍跟音乐演奏：

师：这一次同学们都能跟上了音乐，现在我们再一次完整跟随音乐演奏吧。

生完整演奏

师总结：在欢快、激动的心情和音乐中，渔夫们满载而归，他们唱着歌、划着船向着家的方向驶去。乐曲还有最后一部分尾声音乐，让我们一起去听一听。

设计意图：通过简单的演奏方法加深学生对古筝、对乐曲的认识。

评析：通过模仿古筝刮奏的演奏方法，吸引学生的注意力的同时，调动学生口、眼、脑等多种感官参与教学活动，从而使学生在活动中学习，体验古筝的韵味。在奥尔夫音乐音乐教学法理念下，将动作、音乐、表演结合起来引导学生亲自参与、体验。

3. 欣赏《渔舟唱晚》尾声部分

播放尾声音乐

师：这一段音乐是平静的还是热闹的呢？

生：平静的。

师：那它描述了怎样的画面呢？

生：渔夫们回家休息了，湖面上非常平静。

生：岸上的人都睡了。

师总结：夜幕降临，岸边上的人和渔夫们都回到家中，人们陆陆续续散去，湖面又恢复了原有的宁静。

（三）完整表现《渔舟唱晚》全曲

师：这首乐曲我们听完了，那这首乐曲我们分成了几个部分？

生：三个部分加一个尾声。

师总结：没错，这是三段体的乐曲。我们将乐曲分为A、B、C三个部分加一个尾声。（出示课件）现在我想考考大家，当我们听到A乐段时，我们需要（朗诵）；当我们听到B乐段时，我们一起来唱一唱，我唱景物，你们唱（悠悠）；当听到C乐段时我们一起模仿动作做一做。听到尾声时我们需要安静地坐好，静静地聆听。

师：现在我们一起来完整表演吧。

（完整播放全曲，加入朗诵、唱、演）

设计意图：用朗诵、歌唱、动作表演完整表现音乐。

评析：通过综合演唱、对比、律动体验法等方式的运用，强化了学生对作品的完整认知和体验。教师引导学生通过关注情绪、力度来感受每段不同的场景，提高了学生音乐鉴别能力和分析能力。

（四）课堂小结

师：今天我们学习欣赏了我国的民族乐曲《渔舟唱晚》，我们感受到了民族文化的博大精深，你们喜欢吗？（喜欢）希望大家多去关注民族音乐，去发现它的美，传承和发扬它。热爱我们的祖国更热爱我们民族音乐文化，让它走进世界，更走进我们每个人的心中！今天的音乐课堂就到这里结束了，下课！

【名师点评】

田梅：高级教师，合肥市第三批、第四批骨干教师；合肥市小学音乐教师培训基地授课专家；合肥市王蓓蓓小学音乐教育名师工作室成员。

程丽萍老师执教的《渔舟唱晚》是一首中国传统的民间音乐并且是由中国传统乐器进行演奏的纯音乐，现在的学生对于纯音乐的欣赏不及流行音乐。在奥尔夫音乐教学法理念的指导下，教师注重通过多种音乐实践活动引导学生“亲自参与”，引起学生的注意力，调动学生感受音乐、表现音乐的兴趣。“即兴编创”也是奥尔夫音乐教学法最明显的特点之一，程老师在教授本课时设计了部分片段的创编，以诗词作为暗线。先用《滕王阁序》创作的背景引出少年王勃面对着滔滔江水以及美好的景色发出的赞叹和感慨，这个故事也并不是只是为了介绍乐曲名字由来而介绍，而是想通过同是少年时期的学生，让学生站在少年王勃的角度去看，去欣赏美景。通过他们眼中的景物打开他们的创造性，想让学生听着音乐去发挥他们的想象力，在B乐段时跟着音乐想象看到的景物并描述出来。因为之前已经描述过画面，所以说出景物对小学高阶段的学生并不难，他们能轻而易举地描述出景物：“水、山、浪、月、夕阳、船夫”等等，也体现出奥尔夫的“整体的音乐”的观念。在教师的引导下，学生通过创编歌词加深对旋律的感知，对乐曲整体的感知体验，都起到了很大的作用，学生更乐于学习。

授课教师简介

程丽萍

二级教师，教龄2年，合肥市红星路小学音乐教师，合肥市小学音乐教师培训基地2021—2022学年学员，合肥市王蓓蓓小学音乐教育名师工作室成员。主修古筝、钢琴。任教期间获得庐阳区新进教师无生上课比赛一等奖、庐阳区音乐教师五项基本功比赛三等奖等。教书育人，任重道远。她会全力以赴、毫不懈怠地做好本职工作，努力提升专业素养，使自己在工作中再创佳绩。

《关山月》教学实录与评析

合肥市亳州路路小学　李媛媛

【课型】

音乐欣赏课

【教学内容】

古曲

人音版小学音乐六年级下册第一单元《古风新韵》

第一课时《关山月》

【教材分析】

汉代乐府歌曲之一，属于“鼓角横吹曲”，是当时守边将士经常在马上奏唱的。唐代诗人李白曾为之填写新词，内容是抒写作者感怀古代边防战士的艰难困苦，借以非议唐代统治阶级的穷兵黩武，有反对侵略战争的意思。现存《关山月》的曲谱，比较早的是1768年刊行于日本的《魏氏乐谱》，据说为明朝末年避难于日本的魏双侯（之琰）所传。歌词就是李白填的“明月出天山，苍茫云海间”那一首。后来在1931年刊行的《梅庵琴谱》中收录有《关山月》一曲，音调与《魏氏乐谱》不同，而调式和气韵相近，但无歌词。20世纪50年代初，夏一峰、杨荫浏等将李白的歌词重新配入歌唱，并得以流传。这首歌曲纯朴自然，带有一些北方民歌的韵味。它惯用同音重复，并配以大起大落的连环乐句进行，既显示出琴歌的特色，又比较贴切地体现了原诗豪放的气质和感怀的情调。

琴曲《关山月》为21世纪梅庵琴派著名代表曲目之一。此曲是由六个乐句组成的，带有再现的单段体。每个乐句都有上下呼应的两个乐节，前三个乐句均落于徵音——泛音，后三个乐句均落于宫音——实音，前面的五个乐句可反复，最后以开始乐句的变化再现而结束。曲虽短小，但音韵刚健而质朴，气魄宏大，抒壮士之情怀，真挚感人，富有浓厚的北地音乐风味。

【学情分析】

随着生活范围和认知领域的进一步发展，六年级学生的体验、感受与探索创造能力进一步增强，自主意识也不断增强，特别是受流行音乐的影响，已经不满足于课堂教学上的曲子，他们对音乐课的兴趣逐渐减弱，他们渴望音乐，却不喜欢书本上的歌曲。因此，培养对音乐课的兴趣和热情一日不可懈怠，让学生转为从心底上真心喜欢音乐，并具有一定的优劣作品辨别能力已刻不容缓。

学生对于音乐欣赏课也具备了相应的知识储备，应注意引导对音乐的整体感受，增加音乐表现与音乐创造活动的分量，以生动活泼的教学形式和艺术魅力吸引学生。尤其是要注意音乐课基本常规和提高音乐欣赏能力的培养；良好的歌唱习惯、歌唱方法的指导；形成良好的持续发展状态，提高他们的音乐综合素质。

【教学目标】

1. 欣赏音乐《关山月》，体会乐曲所表现的意境。
2. 在聆听的过程中，认识民族乐器古琴，并记住其音色。
3. 能够通过自制乐器等方式，感受、表现乐曲。

【教学重点】

聆听乐曲的同时感受乐曲所表现的意境。

【教学难点】

1. 能够随着音乐，吟唱乐曲《关山月》。
2. 能够通过聆听，分享对于乐曲《关山月》的感受。

【教学时间】

一课时

【教学准备】

多媒体课件、橡皮筋、书本

【教学过程】

（一）导入

1. 创设情境

师边弹奏乐曲《关山月》，边吟诵李白诗词《关山月》。
师：同学们，刚才老师在吟诵的是什么？
生：《关山月》。
播放视频伴奏，引导学生完整吟诵：

关山月

（唐）李白

明月出天山，苍茫云海间。
长风几万里，吹度玉门关。
汉下白登道，胡窥青海湾。
由来征战地，不见有人还。
戍客望边色，思归多苦颜。
高楼当此夜，叹息未应闲。

师：你们知道这是来自谁的作品吗？

生：唐代诗人李白。

师：没错，那当同学们读完这段诗词，你们眼前仿佛看到了一幅怎样的画面？

生：战士们浴血奋战、战争的残酷。

2. 揭示课题

师：一轮明月从祁连山升起，穿行在苍茫的云海之间。

浩荡的长风吹越几万里，吹过将士驻守的玉门关。

当年汉兵直指白登山道，吐蕃觊觎青海大片河山。

这里就是历代征战之地，出征将士很少能够生还。

戍守兵士远望边城景象，思归家乡不禁满面愁容。

此时将士的妻子在高楼，哀叹何时能见远方亲人。

简短的故事，生动地描绘了边塞的风光，戍卒的遭遇，甚至更深一层转入戍卒与思妇两地相思的痛苦。琴词相和，将我们带回那片金戈铁马、战火连天的战场，下面就让我们一起探索乐曲《关山月》的魅力。

（板书课题《关山月》）

设计意图：导入是一节课的始端，巧妙地导入，有利于调动学生学习的积极性和注意力，有利于激发学生的求知欲和学习兴趣。本节课的乐曲《关山月》不仅仅体现在音乐，还有诗词相配，正像《左传》中曾记载的那样“君子之近琴瑟以仪节也，非以慆心也”，古代文人墨客大多抚琴而歌，将自己内心的感受抒发。因此在导入的部分，选择由老师亲自演奏、吟诵，彰显了我国传统文化魅力的同时，琴词相和，营造余音绕梁的课堂氛围。

其次老师的示范，能够更加直观地展现乐曲的风格，学生也能近距离地感受到我国优秀的传统文化，由此激发了学生学习的兴趣。用声音的魅力感染学生，为学生营造出良好的学习氛围。并且和学生已有的知识相联系，为之后的学习做好铺垫的作用。

此外，在揭示课题部分，通过对诗词的解释，以及老师语言、语态的变化，帮助学生深入浅出地了解诗词的含义，建立起初步的印象，由精湛的语言进行小结，直接揭示本节课的内容。

评析：由于本节课需要赏析的作品旋律对于学生来说较为陌生，但李白以及他的诗词学生已经在语文学科中初步熟知。琴词相和的方式，能够潜移默化地将已有的知识与即将习得的知识串联，营造良好的学习氛围。而在实际的教学中，会发现学生具有一定的向师性，老师亲自演示，往往更能激发对于乐曲的学习欲望。并且古诗、琴曲都较为苍茫，因此整体导入部分的风格、语言语态等也要贴合情境的发展，将音乐要素蕴含在每个教学环节之中。

（二）新课教学

1. 初听

师：乐曲《关山月》原是汉代乐府歌曲之一，全曲共由六个乐句组成，为带有再现的单段体，曾为当时守边将士在马上奏唱。后来啊，唐代诗人李白为之填写上了新词，感怀于古代边防战士的艰难困苦。接下来，让我们完整聆听《关山月》，感受乐曲所描绘的画面，并且听一听，乐曲是由什么乐器演奏的？

（板书乐曲结构，播放乐曲）

生：古琴。

师：那它的音色是怎样的？

生：含蓄、浑厚、沉静、古朴。

师：看来大家听得非常仔细，同学们，为何仅一把琴便能展现出如此苍茫、磅礴的场面？

（引导学生分组探究、交流）

小结：它的音量虽小，却是低吟中透露着非凡，接下来，让我们走进古琴，细细地品味它的魅力。

设计意图：第一遍完整地聆听，像是“只闻其声不见其人”一样，设问演奏乐器是什么？从而引发学生探究的乐趣，随后引导学生相互合作、探究，试着由音色入手，感受声音的特点，最后像是从局部到整体，引导学生进一步地去了解古琴。

2. 感受古琴

（1）初识古琴

师：古琴，又称瑶琴、玉琴、七弦琴，是我国传统的拨弦类乐器，有三千年以上历史。古琴音域宽广，音色深沉，余音悠远。琴是我国古代文化地位最崇高的乐器，有“士无故不撤琴瑟”和“左琴右书”之说。位列四艺“琴棋书画”之首，被文人视为高雅的代表，亦为文人吟唱时的伴奏乐器，自古以来一直是许多文人必备的知识和必修的科目。下面请大家仔细观察，古琴的造型有着怎样的特点？它和我们熟悉的乐器——古筝又有着哪些相同与不同的地方呢？

（老师展示乐器——古琴，介绍古琴知识，并引导学生分组观察、对比发现古琴的琴制）

生：古琴有七根琴弦，和古筝相比较，琴身略短些，外形也较古筝轻巧些。

引导学生小结、归纳并板书展示：

	琴弦	定弦	音色	记谱方式	演奏方式
古筝	多为21根，有琴码	D调	悠扬悦耳	简谱或五线谱	左手按弦 右手弹
古琴	7根，无琴码	F调	浑厚含蓄	减字谱	

（2）探寻古琴

师：大家观察得都很仔细，古琴一般长约三尺六寸五，象征一年三百六十五天；面圆底扁，象征天地；琴身与凤身相应（也可说与人身相应）有头、颈、肩、腰、尾、足。有七根琴弦，十三个徽位。

（老师边介绍，边展示古琴的结构图示）

（3）浅弹古琴

师：古琴在演奏时将琴置于桌上，右手拨弹琴弦、左手按弦取音。来，让我们一起感受一下。

（老师讲解并示范，引导学生模仿古琴的演奏姿势）

师：同学们的模仿能力真不错，老师发现，有同学已经迫不及待地想来试试了，那么接下来，为了让每位同学都能感受到演奏的乐趣，让我们试着做一把属于自己的“古琴”，想一想我们身边有没有什么材料，能够模拟出古琴的琴制。

（引导学生分组讨论）

生：我们可以像之前用橡皮筋创作的拨弦乐器那样，把橡皮筋绑在书上，七根正好就是古琴的琴弦。

师：你们想法真不错，请组长把皮筋分发下去，动动手，一起做起来吧。

（分发橡皮筋，引导学生自主创作“古琴”）

师：请将“琴”置于桌上，我们一起右手弹拨，左手按弦。

（播放乐曲，引导学生随着音乐律动）

师：同学们的理解能力真不错，通过这段模仿演奏，你都感受到了什么？

生：感受到了古琴演奏的技巧，仿佛我们也化身为琴师，正在演奏着美妙的乐曲。

设计意图：这里为了帮助学生对古琴进一步了解，选择从学生已有的知识入手，如古筝，学生对于古筝较为熟悉，无论是外形还是音色，此外，同为中国传统乐器，外形上也有着些许的相似之处。在观察、讨论的时候，老师也会适当地引导学生比较二者之间的相同与不同之处，这样便能够更加清晰地了解古琴的构造，以及把握音色等方面的特征。

评析：这个环节是本节课的亮点所在，也充分展现了奥尔夫教学理论的实际运用，将理念与传统乐曲相结合。本节课的欣赏不仅仅是感受乐曲的风格、了解乐曲的背景古诗，更是感受传统乐器——古琴的魅力所在。因此光听、赏，不足以深入体会，让学生充分发挥想象力，探究用身边的材料制作古琴，从元素性、创造性方面入手，帮助学生感受、表现乐曲。此外，奥尔夫音乐教育体系强调：通过简单的乐器即兴演奏、即兴表演，用音乐去挖掘、去创作、去发挥想象力。在这里便特意设计让学生自主制作，利用身边的皮筋就可以模拟出琴弦的感觉，把它绑在书上就做成了简易的乐器，右手感受“弹、挑、抹、勾”等等，左手感受泛音、按音的精彩，再配合着音乐的伴奏，能更好地感知乐器的魅力。这些无不体现了奥尔夫教育教学理论的特点，真正将理论以实际相结合。

最后，古琴作为一种集我国传统文化于一身的乐器，特别是构造上，更是体现出了古代文人的智慧结晶。同样，琴文化与我国文人、我国传统思想文化之间都有着联系。古琴也因为其特殊的文化内涵，千百年来一直是我国古代文人、士大夫手中爱不释手的器物，他们往往借琴来修养身心、体悟大道。而弹奏之人往往也会在琴声的抚慰下进入忘我境地。欣赏乐曲的同时，更要了解乐器的特色，不仅仅关注旋律的变化，还要从深层次进行剖析，比如通过平面结构图的形式，能够更直观地观察到古琴的琴制，从而加深对于乐曲的欣赏。

3. 吟唱乐曲

师：琴弦在指尖跳动，旋律在心中流淌，其实无论是曲还是诗，都描绘出了那段金戈铁马、烽火连天的年代。古人常说“言之不足故嗟叹之，嗟叹之不足故咏歌之”，连语言也无法将其表达的时候，那就将它唱出来吧。

（师范唱《关山月》）

师：从这歌声中，你感受到了什么？

生：当时战争的残酷，以及战士与家人间的思念。

师：身体坐正，调整到歌唱的状态，让我们一起试着吟唱《关山月》。

（出示歌谱，引导学生吟唱）

关山月

1＝F
正调定弦：5 6 1 2 3 5 6

据《梅庵琴谱》(1931年)
查 阜 西演奏谱

明月出天山，苍茫云海间。长风几万里，吹度玉门关。汉下白登道，胡窥青海湾。由来征战地，不见有人还。戍客望边邑，思归多苦颜。高楼当此夜，叹息未应闲。闲。

师：吟唱所强调的是自我感觉，是自己内心的表达。让我们化身为驻守边疆的战士，你会怎样将思念之情深切倾诉？怎样将战士们的艰苦真切表述？

（引导学生探究、交流吟唱心得）

（1）迅速准确地理解所要唱的内容、感情、风格、形式、结构。

（2）确定选用相应的音乐风格、表情类型，决定乐曲的开头和音乐的大概走向，高潮的位置、情绪变化的起伏位置，等等。

（3）在进入歌词的吟唱时，眼睛要迅速看清每个诗句，同时体会词的内容。

师：对了，在乐谱中也出现了很多相应的装饰音记号，更好地展现出了“吟唱”的魅力，相信每位同学通过交流、讨论，对乐曲都有了不同的感受，同样也会唱出内心的感受，让我们随着音乐再次吟唱。

（师弹乐曲伴奏，引导学生再次吟唱）

师：来，拿起手中的古琴，我们一起随着音乐弹奏，唱起曲中的诗。

（播放音乐，引导学生随着音乐模仿演奏，并吟唱乐曲）

设计意图：吟唱乐曲部分，使用到的谱例是简谱结合减字谱的图示，也就是实际演奏的曲谱，因为相对于书本中提供的简谱谱例，这个版本更为贴合实际的吟唱版本，所以能够帮助学生更好地感受乐曲的意境。其次减字谱的出示，可以在潜移默化中渗透相关我国古代记谱法的相关知识。此外，吟唱这一特殊的演唱形式，对于学生来说有着些许的难度，老师的口传心授是一方面，其次便是要引导学生注意聆听、辨别，自行总结该怎样吟唱。

评析：本环节通过初识到探寻再到浅弹古琴，循序渐进地实施教学环节，意义主要在于帮助学生了解古琴。而在初步的认知过程中，老师能够做好引导的作用，无论是听赏，还是创编，真正地把主动权交给了学生，老师只是引导的作用，有目的性地设置一项项问题，并且引导学生进行分组，由组长带领学生进行讨论、探究，最后进行总结归纳，深入浅出地将古琴的魅力展现在大家的眼前。

正像奥尔夫教育体系的音乐课堂那样，当学生有机会进入丰富的艺术世界，音乐往往不再是旋律和节奏，而是与诗歌、说白、律动、舞蹈、戏剧表演甚至是绘画、雕塑等视觉艺术相联系。他们可能在老师的引导下去关注特定的一个声源，去倾听、辨别、想象来自生活和自然界的不同声音。教学中也是将学生的感受无限放大，从感受入手更好地表现乐曲的意境。

4. 完整聆听

师：同学们的表演真是引人入胜、身临其境。而现如今，战场上的一切距我们已十分遥远，我们无法真实地体会当时的艰辛，但通过乐曲《关山月》对于戍守边疆的艰苦与孤独深刻的刻画，仿佛就让我们置身于战场之中，真切地感受到了古时候战争所造成的巨大牺牲，同时也给无数征人及其家属所带来难以抹灭的痛苦。下面让我们闭目安静地聆听，再次感受乐曲带来的这一份苍茫。

（播放乐曲）

师：通过整节课的乐曲解析，再次聆听之后，大家有没有一些新的感受？请分组讨论。

（学生交流、讨论）

生：在刚开始听到这首乐曲的时候，只感受到了古琴音色的苍凉，通过古诗词的朗读、解释，也只知道描述了战场上的艰辛，但琴词相结合，在深入解析后，再次聆听乐曲，不仅眼前浮现了战场上烽烟四起的画面，更是置身于这片苍茫的战场。

师：是的，乐中有诗，诗中有画，你一言我一语，每位同学都有了属于自己的感悟。感慨于传统乐曲与传统诗词相结合的情况下，迸发了如此强大的力量，以及极富魅力的影响。而这首悠扬的乐曲，除了李白为之填词的《关山月》，你还能为它配上怎样的诗词呢？

（引导学生分组交流、讨论）

生：唐代诗人王昌龄的《出塞》：“秦时明月汉时关，万里长征人未还。但使龙城飞将在，不教胡马度阴山。”

师：嗯，同样是描写了边塞的苍凉、战争的残酷，悲壮而不凄凉，那让我们也试着加入音乐，一起吟诵《出塞》。

（播放音乐，引导学生吟诵）

师：同样的旋律配上不同的诗词，也展现出了不一样的魅力所在。

评析：教学环节中，在最后这遍完整聆听的部分，老师首先是选择褪去诗词、吟唱等部分的装饰，使得回归音乐本体，其次引导学生闭上眼睛，在脑海中随着音乐的变化浮想联翩。创造出良好的聆听氛围，引导他们做出不同的发声——“是否有新的感受？”众所周知，我们每个人的文化背景、个性特长与经历各不相同，因此对音乐的感悟也会是不一样的。同一首曲子不同的人听来会有不同的感悟，即使同一个人在不同的心境下听同一首曲子，也会有所差别。所以在这里更多地让学生畅所欲言，将自己内心的真实感受得以抒发，而老师在这里给予及时的鼓励，肯定每一位学生对于音乐的感受，增加学生自信心的同时，营造和谐的听赏氛围，充分发挥想象力，面向全体学生，注重个性发展。也彰显了奥尔夫音乐教学法的基本理念，感受音乐带来的快乐，喜爱音乐。最后，引导学生在乐曲中，又试着加入了不同诗人的作品进行吟诵，感受同一题材间的异同，以及乐曲的丰富多彩，更是进一步感受了古代文人墨客对于琴词相和的表述。

（三）拓展

师：通过一节课的学习，我们深切地体会到古琴作为中国传统的乐器，具有非凡的魅力，其实除了今天学习的《关山月》，还有许许多多优秀的作品，比如根据唐代诗人王维的七言绝句《送元二使安西》谱写的一首古琴曲——《阳关三叠》。

播放视频，出示诗词：

送元二使安西

（唐）王维

渭城朝雨浥轻尘，客舍青青柳色新。
劝君更尽一杯酒，西出阳关无故人。

师：通过刚才的朗读，你有什么感受？

（引导学生吟诵、并交流分享感受）

生：感受到了对即将远行的友人无限留恋的诚挚情感，以及深沉的惜别之情。

师：《阳关三叠》全曲共分三大段，用一个基本曲调将原诗反复咏唱三遍，故称“三叠”。每叠又分前后两段，后段为新增歌词，每叠不尽相同，带有副歌的性质，分别渲染了“宜自珍”的惜别之情，“泪沾巾”的忧伤情感和

“尺素申”的期待情绪。同样也是一把琴，却演奏出了不同的韵味。对此，你有什么想说的?

（引导学生畅所欲言，交流分享相关感受）

评析：这一部分的拓展，选用了来自王维的诗词，同为古琴曲，却展现了不一样的魅力，一首是边关战士的苍茫，一首是友人之间的惜别。由此进一步地巩固了学生对于古琴、琴曲、诗词这些艺术的认识、了解，以及对于我国传统文化的深层次感悟。

（四）小结

师：今天我们一起感受了古琴的魅力，中国文化博大精深，无论是古代还是我们现代，优秀的文化一直在我们身边传承，好听的乐曲也随着时代变化万千，现在就有很多人在从事古琴音乐的创作，希望将这一传统艺术装裱上时代的新衣，融合绘制出不一样的色彩。一把琴、一声叹，转而风云骤变、气象万千。希望同学们都能做文化的传承者，将美好永流传。今天的音乐课就到这里，下节课再见。

评析：在一节课的结束部分，更多的是将整节课的情感深化、进行视野的拓展以及对本节课知识的回顾。最后，虽然只是用到了简短的两句话“一把琴、一声叹，转而风云骤变、气象万千”，却总结出了古琴曲《关山月》的气魄所在。最后也给予了学生未来的期盼，将我国优秀的传统文化传承、发展，喜爱并守住这一份美好。

【名师点评】

郑倩：高级教师，合肥市小学音乐教师培训基地授课专家，合肥市骨干教师，合经区小学音乐兼职教研员，合经区音乐学科带头人。

本节课将初步了解古琴作为重点，根据奥尔夫的教学理念，从元素性角度入手，先是感受音色这一基本要素，到引导学生自主探究古琴的琴制，再到探索身边的材料模仿乐器等，由浅入深、循序渐进地开展教学。特别是对于乐器的制作，能够更好地发挥学生的主观能动性，对音乐素养的提高有很大帮助。

其次，在乐曲的欣赏方面，结合诗词采用吟诵的方式，展现乐曲的魅力、画面。在熟悉乐曲的发展、表现感受乐曲之后，拓展了不同诗词的吟唱，同样是描写战争的苍凉，随着旋律吟诵后，又凸显了不同层次的魅力。在这里体现了奥尔夫教学法的综合性，将语言、朗诵等各种形式与音乐相结合，帮助学生熟练把握知识的同时，学会迁移式学习。不单单的是感受一首乐曲，更重要的是培养学生良好的听赏习惯，引导学生表达出自身对于乐曲的感受，注重个性发展，彰显个性魅力。

授课教师简介

李媛媛

二级教师，教龄5年，合肥市亳州路小学音乐教师，合肥市王蓓蓓小学音乐教育名师工作室成员。在教学期间，曾获合肥市庐阳区第九届课堂评比一等奖，并荣获“教学能手”的称号。区级教学论文特等奖。区级信息化课堂教学展示评比一等奖。合肥市信息化大赛课件类专项一等奖。安徽省微课大赛评选一等奖。曾指导学生参加合肥市“玉兰杯”戏曲大赛荣获一等奖，并获得“优秀指导老师”称号。指导学生参加庐阳区第三届戏曲大赛荣获一等奖。指导学生参加中国声乐艺术节安徽赛区荣获一等奖，并获得“优秀指导教师”。热爱跳动的音符和每一张孩子纯真的笑脸，喜欢用音乐让彼此间产生心灵的联结，音乐使她幸福，她也希望把她的幸福传递给大家，让每个人都享用快乐的音乐。

民乐合奏《阿细跳月》教学实录与评析

合肥市跃进小学　闫长娟

【课型】

音乐欣赏课

【教学内容】

人音版小学六年级下册第二单元《月下踏歌》

第一课时《阿细跳月》

【教材分析】

《阿细跳月》是我国著名音乐指挥家秦鹏章先生根据彝族传统舞蹈“阿细跳月”的音乐编创的同名民乐合奏曲，乐曲为混合拍5/4拍，宫调式，并以特有的135三个音作为骨干音，是一首具有鲜明彝族阿细族音乐风格的韵味。混合五拍子是阿细族音乐区别于其他少数民族的音乐灵魂之处。全曲通过弹拨乐、拉弦乐、吹管乐、打击乐的主奏和合奏的轮番表现形式进行表现，并将固定主题音乐进行了十四次变化重复，运用移调转调等手法表现不同的音乐主题。大型的民乐合奏场面表现出中国民族音乐的丰富魅力，彰显中华特色的民族音乐风采。阿细跳月是阿细族具有代表性的娱乐和节庆方式，“跳月”在阿细族语言称为“嘎斯比”，而“跳月”在当地又称之为“跳乐”。乐曲表现的情境是在月下男女老少欢聚一起，多为年轻男女，大家相约一起围着篝火边奏边舞，享受着音乐所带来的愉悦。

民乐合奏版的《阿细跳月》音乐篇幅加长，乐器种类更丰富了，不仅保留了部分阿细跳月的本土乐器如笛子、三弦、胡琴类，还加入了多种民族乐器，其中包括阮、琵琶、扬琴、唢呐、笙、鼓、钹等。阿细跳月的舞步是“三步舞”，其中动作有蹦脚、拍掌、跳转、鹤步单腿、踩跳步等，舞步稳重，刚柔相济，队形有纵横多排、大圆圈等。

乐曲为单一主体多段体结构，由3/4+2/4组合而成。结构规整的四乐句组成，节奏相同，旋律相似，其中穿插变化的速度、力度、情绪、转调等，使得整首乐曲简单而不富有生命力。乐曲开头由一个短小的引子引出主题旋律，仿佛阿细人们正在向舞会场地聚集准备舞会的开始。乐曲的第一部分以清脆的高音笛在渐强的力度中奏响了主题音乐，并反复演奏了两次，接着是乐器的合奏，主奏和合奏相互的变化富有层次性，仿佛音乐的开场是如同高音笛一样清脆的姑娘们出场了，接着小伙弹起三弦加入，男女们一起欢快舞蹈起来。然后进入乐曲的第二部分，主题音乐反复出现了七次之多，并且以弹拨乐、吹管乐、拉弦乐、打击乐进行轮番主奏和合奏，音乐活泼跳跃，富有鲜明的律动感，表现了迷人的月色下青年男女们围着篝火一起舞蹈，这一部分通过四次的转调以及其间不断变化的主题音乐展现了人们欢快的舞姿，男性们豪迈刚劲的舞步以及女性曼妙动人的舞姿。乐曲第三部分又重新回到原调，再次以高音笛出场，接着通过力度的渐强将乐曲推向了高潮，以合奏的方式奏起热闹欢腾的舞蹈场景画面，最后在力度和速度不断升级的推动下一小段尾声干脆地结束全曲。

【学情分析】

小学六年级学生已经建立了一定的音乐相关知识技能，在思维中由形象思维转向以抽象思维为主，想象力更加丰富，不仅具有一定的知识、技能为基础，而且在创造性能力方面更加的富有内涵。对于音乐的相关知识已经能够认识和了解常见的中国民族乐器，并且能够通过听辨音乐来识别乐器。在模仿能力方面，不但能够有一定的模仿能力而且还能够关注到细节的模仿。在表现方面，六年级的学生由于青春期的原因不太愿意表现自己，班级的少数社交牛人更善于表现自己，但也会存在发挥过度。《阿细跳月》是一首可以以集体表现形式的舞曲，所以学生们还是会积极参与的。在识谱和辨别节奏方面学生们基本的认知都是具备的，但是混合拍子需要引导也同样很快就能够掌握。对于听辨、感受音乐的情绪、速度、风格、力度、转调等方面也是具备一定基础能力的。

【教学目标】

1. 学生通过聆听感受乐曲的音色、力度、速度、情绪等变化，建立对乐曲的感知与理解。

2. 能够听辨出不同的演奏乐器以及为乐器分类，并通过自主创造、合作实践，创设《阿细跳月》的情境。

3. 能够了解阿细族相关音乐文化特点，熟悉《阿细跳月》主题音乐，认识5/4混合拍并掌握和理解其节拍特点。

4. 能够初步掌握《阿细跳月》的舞步特点和律动，并用自己的方式去表现《阿细跳月》，体验中国民族民间音乐的独特魅力和绚丽文化。

【教学重点】

掌握《阿细跳月》三步舞的特点以及固定节奏音型的音乐特点，能够熟悉《阿细跳月》的主题旋律，并用自己创编的方式表现乐曲。

【教学难点】

学会《阿细跳月》的三步舞并能够集体合作表演。

【教学时间】

一课时

【教学准备】

多媒体、课件、手腕铃、钹、音乐凳、钢琴

【教学过程】

（一）组织教学

师生问好

（二）导入——神秘的邀请函

师：同学们，今天老师带来了一封神秘的邀请函，让我们一起来看一看信上都说了些什么。你能猜出来它是来自哪里的吗？

生：阿细族的人们邀请我们去做客。

师：让我们随着一段视频了解热情好客的阿细族。

（播放微课视频）

师：从视频中你对阿细族有哪些印象？

生1：阿细族位于云南省弥勒族聚居的西山，阿细族是彝族的一个支系，阿细族是一个能歌善舞的少数民族。

生2：他们的服饰主要以黑色为主，并以其他色彩作为点缀。帽子的头饰中间有一块圆形的银饰，周围还有一些点缀的银饰能够发出如同清脆的铃铛声。

生3：阿细族自古有原始的火神文化，阿细人每年都会举行隆重的祭火节，篝火晚会是阿细族具有代表性的娱乐和欢庆方式。

设计意图：以神秘的邀请函进行导入，揭开阿细族神秘的面纱，并结合微课介绍阿细族，这时候学生们更能够认真地去了解这个陌生而又神秘的少数民族，从而调动学生学习的积极性和注意力，带入教学情境感。

评析：创设具有故事情节发展的情境化教学，为同学们营造身临其境的学习氛围，遵循了奥尔夫教学法的形象化和戏剧性。六年级的学生具有一定的逻辑思维和创造性，可以引导学生根据音乐很好地创设情景化教学，提高学习的效率。

（三）赴约阿细村寨

师：阿细族村寨不仅景色宜人，而且热情好客的阿细人向同学们发出了邀请函。让我们一起赴约参加阿细族村寨举行的篝火晚会吧。同学们，全体起立，请同学们跟随老师的步伐，踏向去往阿细族的旅程。

同学们随着音乐跟着老师有序有节奏地踏着《阿细跳月》5拍子步伐律动，

走三步踢两脚并拍手，围着圈出发。（以《阿细跳月》作为背景音乐）

设计意图：在向旅途出发踏着的5拍子就是“跳月”的基本步伐，为后面的舞蹈体验初步的基本步伐节奏。

评析：基于奥尔夫教学法的综合性，在情景化主线中渗透着本节课的主题音乐元素，踏着“跳月”的基本步伐，通过5拍子的体验为后面的音乐内容学习做了铺垫。

（四）寨门暗语

师：瞧，我们来到了阿细族的寨门口，想要顺利进村寨需要同学们发挥你们的才智，挑战一条寨门暗语。暗语是一条节奏型，请同学们先试着拍一拍：

X X X X X X X X |

（师示范，八分音符拍手；切分节奏跺脚；四分音符拍腿）

师：按照以四分音符为一拍，数一数这一小节固定节奏型由几拍组成？

生：5拍。

师：5拍子的强弱规律是什么？

（师出示强弱规律图片）

生齐答：强弱弱次强弱。

师：同学们这条寨门暗语你们会了吗？让我们一起让寨门打开吧，连续拍2次我们就成功了。准备好了吗？开始。

（暗语成功对应，随后大屏幕寨门打开了）

设计意图：在游戏中学习音乐，本环节正好适合和同学们来一个寨门互动，以游戏挑战的方式增添了学习的乐趣。通过对应《阿细跳月》的固定节奏型进行挑战，是为了通过有趣互动的方式让学生建立对旋律固定节奏型的印象，也对混合拍子的常识掌握为后面主题音乐的学习做铺垫。

评析：原本性音乐是奥尔夫的核心理念，就音乐本身而言，原本性音乐是一些与节奏、旋律有关的基本素材，其中旋律的固定节奏型以及混合5拍子是《阿细跳月》的音乐特点，抓住一个民族音乐风格的音乐特点是很重要的。通过情景互动和体验实践，使学生更好地熟悉并掌握《阿细跳月》的音乐特点。

（五）走进村寨

1. 简介《阿细跳月》

师：寨门打开了，同学们看，阿细族人民穿着隆重的礼服跳着节日的舞蹈来迎接我们了。

视频播放一段阿细族本土版舞蹈《阿细跳月》

师：刚刚阿细族迎客的表演叫作《阿细跳月》，请你说一说你看到的《阿细跳月》有哪些特点？比如它的表现形式是什么？

生：表现形式有舞蹈、乐器、唱歌，偶尔还有呐喊声。

师：其中主要表现形式是什么？

生：舞蹈。

师：《阿细跳月》是阿细族独创的一种娱乐性广场舞蹈，也是彝族最具代表性的民族舞蹈。阿细中的跳月又称之为“跳乐”，阿细话叫“嘎斯比”。传说在很久以前跳月产生的灵感来源于远古阿细先人阿哲阿娥率众扑火的感人故事，后来阿细人民融合阿细村寨美丽神奇的自然环境和多姿多彩的社会生活创造出了迷人的跳月。2008年《阿细跳月》被列入第二批国家级非物质文化遗产保护名录。

2. 基本舞步与音乐特点

师：阿细人流传着一句谚语“活着不跳乐，白在世上活”，可见跳乐对于阿细人来说十分的重要。下面我们一起来学习“跳月”的基本舞步又称“三步舞”。

师：请一位同学说一说你看到的“跳月”舞步有什么特点？

生：踢腿和拍手。

师：请同学们一起来试一试。（学习“跳月”舞步）先往左边，平行走三步然后抬起右腿往左边踢两下，同时加上拍手，拍手的时候掌心向外拍。再向右同样做一次。12345，12345。

师：跳月舞步应该带着怎样的情绪呢？

生：欢快的。

师：音乐的速度呢？

生：较快的。

师：我们加快速度再来跳一跳基本舞步。

3. 了解伴奏乐器

师：你观察到阿细人用的伴奏乐器有哪些？

生：笛子、二胡。

师：笛子是对的，但不是二胡，《阿细跳月》传统伴奏的弦乐叫三胡，三胡是《阿细跳月》特有的弓弦乐器，比二胡多一根弦。

生：我还看到了吹叶子的。

师：你的观察很仔细，那叫吹木叶。

师：（图片夕阳）此时，太阳已经逐渐西落，我们要准备去参加他们村寨的篝火晚会了，我们也准备一个节目吧。

生：好。

设计意图：以阿细当地的迎客舞作为一个对《阿细跳月》初步接触的基础，考虑到教材中欣赏的民乐合奏《阿细跳月》是在传统的“阿细跳月”上改编的，如果对阿细本土的“阿细跳月”有一个简单认知，这样不仅能够让学生了解阿细跳月最纯正的音乐文化，而且还能让学生感受到民族音乐的发展与进步，即使是改编后的《阿细跳月》在演奏乐器和音乐篇幅上有所不同，但保留了最具有特征的音乐元素“阿细跳月”音乐的5拍子和固定节奏型。

评析：奥尔夫认为节奏是音乐的核心骨干，掌握音乐的节奏元素很重要。学生掌握《阿细跳月》的固定节奏型更能够掌握“跳月”的特色。奥尔夫还强调音乐的体验与实践性。本环节通过了解《阿细跳月》的相关音乐文化知识，初步建立学生对《阿细跳月》的理性认知。从欣赏“跳月”到认知“跳月”再到体验“跳月”，将感性与理性、理论与实践相结合的学习过程提高学生学习的有效性。

（六）准备晚会节目

1. 出示课题——民乐合奏《阿细跳月》

师：有一位作曲家叫秦鹏章，在1950年根据舞曲《阿细跳月》改编了一首民乐合奏《阿细跳月》。我们就一起以这首民乐合奏版的《阿细跳月》准备一个节目来参加篝火晚会吧。下面先让我们一起聆听完整的民乐合奏版《阿细跳月》，这首音乐会给你带来怎样的节目设计灵感？

2. 初听完整乐曲

师：请哪位小导演说一说这首《阿细跳月》给你带来怎样的节目表演灵感？你的脑海里会联想到怎样的画面？

生1：听了这首音乐让我的脑海里呈现出了一幅热闹欢庆的画面，月上树梢、繁星闪烁，人们围着篝火载歌载舞。

师：你想用什么样的形式表演这首《阿细跳月》？比如如何将音乐元素结合表演。

生2：我听到同一个主题旋律反复出现，旋律相同但又有变化，我们可以将歌舞乐融合在一起，还可以根据不同的音乐情绪、氛围的变化进行结合，这样会使节目效果更丰富、热闹。

师：看来同学们很有当导演策划的天赋，民乐合奏版的《阿细跳月》就是以同一个音乐主题旋律不断变化反复出现。下面我们将乐曲分为三个部分进行聆听创作表演形式。

设计意图：本环节以准备参加阿细人篝火晚会为创设情境，让学生自导自演并以本节课民乐合奏《阿细跳月》为节目进行编创，这样给予学生主动去探究乐曲的内容。

评析：奥尔夫提倡鼓励孩子们的创造性与即兴表演，本环节通过创设平台让学生能够自主、勇于编创表演，让学生在设计表演内容的过程中获得喜悦和成就感。把节目创作的平台交给学生，在学生合作、探究的过程中更能够提高学习的注意力和思维能力，促进学生在聆听的过程中能够更用心地去聆听乐曲，提高学习的效率。

3. 聆听第一部分：【唱阿细歌】

（1）初听第一部分

（播放引子部分）

师：这一小段音乐速度和情绪是怎样的？

生：速度较快，音乐的情绪是欢快的。

师：让你联想到怎样的画面？

生：大家随着音乐的响起欢聚在一起。

（播放第一部分乐段）

师：你听，接下来这段音乐的速度是怎样的？

生：也是较快的。

师：音乐的情绪是怎样的？

生：欢快、喜悦的。

师：你听出是什么乐器演奏的吗？

生：笛子，后面又出现了其他的乐器合奏。

师：看来同学们的耳朵很灵敏，我们来看一看都有哪些乐器。

（2）简介合奏乐器的分类

弹拨乐（琵琶、阮、扬琴）、吹管乐（笙、笛子）、拉弦乐（二胡）、打击乐（鼓、钹）。

（3）出示乐谱，唱主题旋律

《阿细跳月》主题音乐

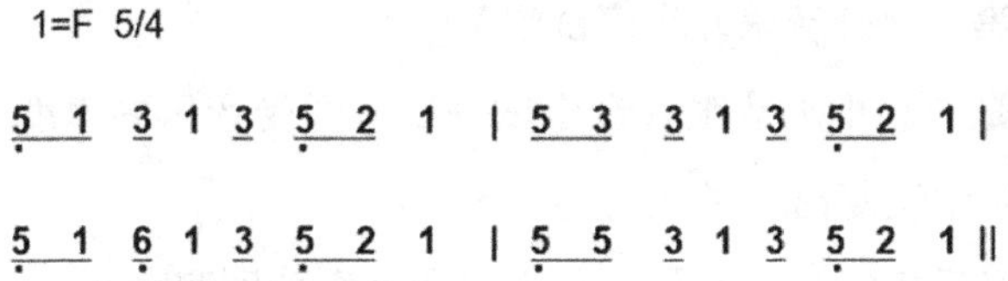

1=F 5/4

5 1 3 1 3 5 2 1 | 5 3 3 1 3 5 2 1 |

5 1 6 1 3 5 2 1 | 5 5 3 1 3 5 2 1 ||

师：我们一起来唱一唱主题旋律，主题旋律由几个乐句组成？

生：四个乐句。

师：看看这四个乐句的节奏型熟悉吗？

生：这不是我们进村寨对的暗语吗。

师：是的，《阿细跳月》的主题音乐就是以固定节奏型创作的，加上相似的主题旋律反复地出现，使得阿细跳月特别容易记忆，扣人心弦。

（4）试唱歌谱，师弹琴

问：旋律中出现的哪几个音最多？

生：135。

师：135是《阿细跳月》旋律的灵魂之音，而且旋律使用的是中国民族五声调式。

（5）编创歌词

师：谁来试一试编创第一句歌词，我们可以根据阿细族当地特色以及环境氛围进行创作歌词，描述你想象当中阿细跳月的场景画面。

生：晚上有月亮有星星。

师：老师根据你的思路将歌词整理成“月亮出来喽赛罗塞，星星出来喽赛罗塞”，赛罗塞是阿细族歌唱常用的衬词。

生：我也想到一句歌词“唱歌跳舞喽赛罗塞”。

师：这个很好，可以放在最后一句更合适。第三句歌词想一想谁一起参加晚会？青少年通常在生活当中根据性别会俗称什么？

生：小姑娘，小伙子。

师：对喽，“姑娘小伙喽赛罗塞”。请同学们跟着琴声完整唱一唱。

师弹琴，生完整试唱编创歌词的主题音乐。

师：四个乐句最后的赛罗塞是同样的音吗？

生：第1/2/4乐句“赛罗塞”音高一样，第3乐句第一个“赛”音高八度。

（6）复听第一部分音乐并小声试唱

师：我们先一起小声地跟着音乐试一试，感受音乐的速度，并回答主题音乐在这一段音乐中反复出现了几次？

生：主题音乐反复了四次。笛子主奏和合奏分别演奏两次。

生1：音乐一开始的笛子速度很快，很难跟上歌词。

师：高音笛因为有加花演奏所以会感觉跟上速度比较困难。我们可以试试在笛子出现的音乐只在最后加上歌词“赛罗塞”并拍手，分四组接龙“赛罗塞”，我示意哪一组，哪一组就跟着音乐唱“赛罗塞”，代表我们随着音乐陆续就位准备开展晚会了。合奏部分我们可以加入完整的歌词。明白了吗？

生：明白。

师：给我们的女同学每人手腕戴上一小串铃铛模仿阿细族姑娘舞蹈时头上银饰碰撞出的声音。那我们应该用怎样的声音和心情去演唱？

生：用富有活力的声音，带着愉悦的心情。

师：唱歌的时候加上一个表情就能够让你的歌声更加愉悦，是什么表情？

生齐说：微笑。

（7）跟着音乐彩排第一部分表演设计

师：第一部分的演唱在同学们的精心创作之下完成了。下面我们继续听一听乐曲的第二部分又会给你带来怎样的表演灵感。

设计意图：乐曲的第一部分以唱阿细歌的方式表现，熟悉主题旋律也是欣赏乐曲不可缺少的基础，而这一部分的旋律特点也适合唱。其中歌词让学生根据舞会的情境进行编创的，加深学生对主题音乐的印象。

评析：奥尔夫提出即兴是最古老、最自然的音乐表现形式，“即兴”是奥尔夫教学法最突出、最重要的特点，能够调动学生参与性，通过音乐特点和阿细跳月场景特点创作歌词。乐曲的第一部分的节目呈现方式是唱歌，以即兴应景创作为乐曲编创歌词，学生通过自己的创造性想象编创出适合的歌词，鼓励为主，大胆创作，主要是即兴创造的过程，感受音乐创作的乐趣。

4. 聆听第二部分：【奏阿细乐】

（1）初听乐曲第二部分

师：请你边听边思考主题音乐在这段音乐中反复出现了几次？（播放音乐）

生：七次。

（2）复听乐曲第二部分

师：音乐主题在这段音乐中反复变化出现了七次。没听出来的同学没关系，下面我们还能再仔细听一听分别是哪七次。这部分的主题音乐通过演奏乐器、演奏形式、转调、情绪、速度、力度等变化呈现出不同音乐情景的变化。下面每个组的小组长到老师这里拿一张卡片，请各小组根据卡片内容的提示合作选择主题音乐七次变化的相关的答案，正确答案画√。

师：请一个小组先来分享他们聆听成果。

小组代表1：（多媒体观台导仪展示卡片记录）

师：总体上来看各小组都能够听辨出乐器的演奏形式和分类以及音乐元素的变化。

（3）设计乐曲第二部分音乐的表演形式

师：这一部分的音乐内容比较长，涉及的主题变化有七次。大家有什么好的建议我们用什么样的表现形式来展现这部分的音乐，并记录下来。

生：女生可以跳舞，男生模仿演奏。

师：我们一起来思考怎么融合设计。男女生分成两组，女生组律动男生组模仿三弦弹奏。

师：你觉得我们可以选择哪一种具有阿细跳月代表性的弹拨乐模仿，阿细跳月男生边舞蹈边弹奏的是什么乐器?

生：三弦。

出示三弦图片（三弦的结构、音色以及演奏姿势）

师：那请我们的男同学来模仿三弦的演奏姿势。

（男同学模仿）

师：弹拨乐出现了几次？分别在什么时候出现的?

生：2次。

师：那请男同学们跟着弹拨乐的主题音乐奏一奏。（播放弹拨乐音乐主题）

师：有两个慢板主题音乐我们女同学可以用怎样的律动表现?

生：这两个主题音乐速度比较慢，表现优美的姿态。

师：请女同学们做一做摆动手臂的姿势，要表现优美婉转的体态。

师：第二部分的主题音乐设计出来了，弹拨乐1、6主题音乐出现时男同学们模仿三弦弹奏姿势表演；在快板2、5主题音乐出现时同学们集体“跳月”；在慢板3、4主题音乐出现时由女同学表演优美婉转的律动；最后第7次的变化主题音乐合奏部分男同学弹三弦女同学拍手“跳月”。让我们一起跟着这段音乐完整地排练一下。

（播放乐曲第二部分进行连贯排练）

设计意图：乐曲第二部分涉及的变化主题音乐较多，主要涉及如演奏形式、乐器分类、速度、情绪、力度的对比变化，通过分小组卡片记录的方式进行听辨记录，在小组讨论的过程中可以相互合作，并且更利于多个主题音乐变化的记忆和对比，在通过分析多个音乐主题的变化来设计合适的表演形式。

评析：奥尔夫重视音乐的“原本性”音乐元素。卡片能够有效地记录学生在思考、合作、交流的过程中的探究成果，并以最直观的方式呈现音乐主题变化的音乐元素从而进行分析、对比。先以小组讨论的方式在分析了各变化主题的音乐元素，再通过符合每个主题音乐特点进行编创表演，融合了探究、实践、即兴、合作综合性学习方式。

5. 聆听第三部分：【跳阿细舞】

（1）初听乐曲第三部分

师：下面让我们一起聆听乐曲的最后一段。（播放第三部分音乐）

师：主题音乐反复出现了几次？

生：3次。

师：这三个主题音乐分别用什么乐器演奏形式？

生：第一次变化是笛子主奏和后面两次主题音乐是乐器合奏。

师：音乐的气氛怎么样？

生：非常热闹。

师：音乐的速度有什么特点？

生齐答：从开始较快到越来越快，很快。

师：音乐的力度有变化吗？

生：有，越来越强。

师：是的这一部分的音乐速度越来越快，力度也越来越强，让你联想到了怎样的氛围和画面？

生：气氛很热闹，篝火旺盛，人们欢腾舞蹈，场面十分壮观。

（2）设计乐曲第三部分音乐的表演形式

师：你能听出将音乐推向最高潮的打击乐吗？

生：鼓、钹。

师：我们来试一试，你们觉得我们可以用什么模仿鼓声？

生：凳子。

师：我们分男女生两组合作，请男同学们蹲在凳子的后面，我们一起随着音乐最高潮的部分拍一拍凳面来模仿鼓声营造热闹的气氛，再请一位女同学来演奏钹。

	X X	X X X	X X	X	|
鼓：			咚 咚	咚	
钹：			嚓 嚓	嚓	

师：你们听这是什么声音？（播放一小段《阿细跳月》中的呐喊声“噢噢”）

生齐答：噢噢。

师：这样在听觉上是不是更加丰富热烈了？！

（播放音乐高潮合奏部分）

师：热闹欢腾的氛围光表演打击乐还不够热闹，我们一起加入“跳月”吧。

女同学们集中起来手拉手围成一个圆，在老师的带领下随着口号一起“跳月”。

阿细族人们在欢庆很热烈的时候还会加上呐喊的衬词“噢噢”来营造氛围。

师：请女同学们起立，手拉手向中间集中围成一个圆圈。让我们一起围着篝火来跳起热闹的“跳月”吧，男同学们也跟着音乐练习打鼓奏钹。

（3）播放第三部分音乐完整排练

师：下面就让我们跟着第三部分音乐完整地排练一下，笛子主奏的主题音乐出现的时候同学们就开始各就其位准备一起欢腾奏乐舞蹈，男同学准备打鼓奏钹，女同学起立随着音乐的渐强渐快站好队形围成圆。让我们一起试一试吧。

（播放乐曲第三部分进行排练）

（4）聆听尾声

全曲最后出现了短小而热烈的尾声干脆地结束了全曲，最后请同学们也一起在尾声持续渐强中发出呐喊声，最后高举双手结束全曲。

设计意图：乐曲第三部分是全曲的高潮部分，主题音乐又变化出现了三次，这三次主题音乐从音乐的速度、力度有着鲜明的变化，引导学生设计“跳月”的场景，有跳舞、呐喊声、打击乐的汇集营造出最热闹的“跳月”场景。加上最后短小而具有感染力的尾声，通过同学们的终极合作将节目设计的氛围效果推向高潮。

评析：奥尔夫所提出的原本性音乐又称为元素性音乐，乐曲的第三部分以乐曲的核心音乐元素力度和速度的变化让学生感受乐曲高潮部分的创作特点，再通过学生们感受到的音乐情绪和氛围设计相符合的情境节目表演，呈现“跳月”最热闹、欢腾的氛围。奥尔夫打击乐是奥尔夫教学中重要的特色，在环节设计中引导学生融入合适阿细民族音乐特点的打击乐，如手腕铃、音乐凳（模仿鼓）、钹，打击乐的融入能将乐曲最高潮部分呈现出来。

（七）举行篝火晚会

师：同学们，经过我们大家的合作编创我们完整的节目已经编排出来了，是不是很有成就感。我们来回顾一下我们节目编排的成果吧。（出示曲式结构）民乐合奏《阿细跳月》全曲都是围绕着一个主题音乐不停地变化反复的，一共出现了几次？

生：14次。

师：我们用歌舞乐的形式将乐曲通过完整的节目方式呈现出来了。不知不觉天色已晚（PPT月色动态图片）瞧，阿细人们盛大的篝火晚会开始了（冉冉升起的篝火动态图片），让我们一起围着篝火向热情好客的阿细族人们献上我们精心准备的节目，表达对他们美好的祝福。在座的小伙子们、小姑娘们，你们准备好了吗？我们的表演开始了。

（播放完整版民乐合奏《阿细跳月》）

师：同学们的表演非常精彩，这都是我们在座的小导演、策划们的智慧成果。

引子部分	第一部分	第二部分	第三部分	尾声
舞会开场	唱阿细歌	奏阿细乐	跳阿细舞	舞会结束

设计意图：在完整设计并彩排节目后，回顾表演形式来引导学生认识乐曲是单一主体多段体的曲式结构，最后再通过节目表演的形式呈现出学生对乐曲的整体学习效率。

评析：奥尔夫音乐教育理念是综合性的知识体系，集合了音乐、舞蹈、戏剧等。学生在课堂中通过音乐了解到阿细族的传统歌舞乐，用过感知、体验、实践、探索、合作、综合性表演等多种方式，最后以情境表演节目的方式呈现学习的成果。

（八）告别阿细村寨

师：快乐的时光总是短暂的，该是我们和阿细人们道别的时候了。有一位阿细族的老村长想和远道而来的客人们道声别，他来了。

阿细族老村长："远道而来的孩子们，你们好，刚刚看到你们精心准备的篝火晚会节目让我非常欣喜，你们赋予了《阿细跳月》不一样的表现力，发自内心地感谢你们能够认识阿细族喜欢阿细族的音乐，请你们记得，有一个民族叫作阿细族，我们阿细村寨的大门永远为你们而打开。再见！"

师：同学们，最后让我们在《阿细跳月》的音乐声中一起踏着"跳月"的步伐结束我们的阿细之旅吧。

（在音乐声中有序地踏着"跳月"舞步走出教室结束今天的音乐课堂）

设计意图：最后以告别村寨的方式结束本节课，与开始的走进村寨首尾呼应。最后村长的寄语蕴含着阿细人对阿细跳月广泛地传递期许，希望学生能够认识阿细文化，喜欢阿细村寨，传递阿细音乐。最后在"跳月"舞步和音乐中走出教室，让人有一种对今天所聆听的《阿细跳月》意犹未尽的感觉。

评析：最后以告别村寨的情境结束课堂正是与开头走进村寨的首尾呼应，教学过程中以一条清晰的情境主线联系着整个教学过程有序地进展，最后以一位阿细族老人对年轻人的期望蕴含着一种对民族的传承、发扬的美好期许，为学生们的内心树立一份民族自豪感和民族责任感。

【名师点评】

朱守琼：高级教师，合肥市小学音乐教师培训基地授课专家，合肥市学科带头人。

闫长娟老师执教的民乐合奏《阿细跳月》是一首根据同名彝族阿细支系本土舞蹈"阿细跳月"的音乐改编而来，这是一首具有浓郁的民族地方音乐特色的作品。在奥尔夫"原本性音乐"教育思想中，民族性音乐是音乐教育的精神所在。闫老师的授课遵循了奥尔夫民族性音乐的特点，抓住"阿细跳月"的音乐特点和本土文化特点为根本，首先感受和挖掘音乐的创作特点，其中阿细跳月的"三步舞"以及男女合作方式，五拍子以及旋律固定节奏型音乐特点，都是"阿细跳月"具有代表性的知识与技能。掌握和认识乐曲中民乐的表现形式以及听辨乐器分类，也是民乐合奏版本"阿细跳月"必不可少的内容。奥尔夫在教学中十分重视音乐的形象化和戏剧化，本课例设计了一条具有情景发展的主线：神秘的邀请函—赴约村寨—寨门暗语—走进村寨—准备晚会节目—举行篝火晚会—告别村寨。学生在整个学习的过程中通过教师创设具有戏剧性地营造教学氛围，学生以“小导演”的方式合作编排节目，通过感受、体验、参与实践、创造编排等学习方式进行，最后以精彩的节目形式呈现学习的收获，这样不仅能够有效提高学习的积极性和效率，让学生们仿佛置身情境中轻松愉悦并自主地学习了本节课的音乐作品，从而真正地体现了奥尔夫人本主义的教育思想。

授课教师简介

闫长娟

一级教师，教龄10年，合肥市跃进小学音乐教师，琵琶社团辅导教师，合肥市小学音乐教师培训基地2020—2021学年学员，合肥市王蓓蓓小学音乐教育名师工作室成员。曾荣获庐阳区世界著名音乐教学法研究评比一等奖；曾多次获得庐阳区中小学多媒体教学应用大练兵一等奖；庐阳区首届微课大赛《认识简谱》一等奖及优秀成果奖；曾荣获全国“新媒体新技术应用研讨会暨第七届全国中小学互动课堂教学实践观摩活动”教学课评比三等奖；执教的课例《祝你快乐》在“一师一优课、一课一名师”活动中荣获省级和国家部级优课；执教的课例《暴风雨》“一师一优课、一课一名师”被评为市级优课；荣获合肥市音乐学科优秀教育教学论文《论中国民族传统乐器在音乐教学中的应用》评比一等奖，并且执教多年以来多篇教育教学论文在全国、省、区级获奖。带领学生荣获合肥市中小学管乐队比赛一等奖；指导学生参与经典诵读大赛获得庐阳区一等奖。

第二篇

琴弦管鼓西洋情之

西洋乐器篇

《窗花舞》（片段）教学实录与评析

——选自芭蕾舞剧《白毛女》

合肥市红星路小学　田　梅

【课型】

音乐欣赏课

【教学内容】

管弦乐

人音版小学音乐二年级上册第八单元《新年好》

第四课时《窗花舞》片段

【教材分析】

《窗花舞》是芭蕾舞剧《白毛女》中的选曲。描绘了除夕夜喜儿等待出门躲债的爹爹回家过年的情景：邻居二婶送来了玉米面，喜儿非常高兴地和女友剪窗花、贴门神，贫苦的家庭洋溢着过年的气氛。乐曲的情绪欢快，民歌风的旋律轻盈活泼。乐曲从一个反复的8小节过渡段开始，通过中国民族打击乐器的伴奏，使得乐曲过年的氛围开始变得浓郁了。紧接着第二部分音乐主要由弦乐、长笛、双簧管主奏，在音区和强弱力度上都有变化，使得音乐变得更加热烈和欢快。最后音乐从G调转入D调，旋律变得更加轻快、柔美。

【学情分析】

二年级的学生对音乐欣赏课已经具备了初步的音乐感知力，他们好奇心强、活泼好动，善于模仿，乐于参与各种音乐活动，身心可塑性强。但同时他们的有意注意时间较短，所以在教学中尽量让学生以多种方式来参与音乐实践，为学生创设一个故事的情境，让他们在玩中体验，在玩中创造。以歌唱、打击乐器和肢体动作等表演方式帮助他们能够更好地体验和感知音乐。

【教学目标】

1. 欣赏音乐《窗花舞》（片段），对芭蕾舞剧有初步的印象，并对我国传统的剪窗花、贴窗花的年俗有初步的了解。感受“年”文化的魅力。

2. 用打击乐器、歌唱和肢体动作表现乐曲《窗花舞》（片段）中的热闹场景。

3. 听辨音乐中打击乐器三角铁的音色，并跟着音乐模仿敲一敲。

【教学重点】

1. 对音乐《窗花舞》（片段）的感受和体验。

2. 随音乐有节奏地模仿剪窗花和贴窗花的动作，感受音乐所表现的热闹场景。

【教学难点】

1. 为乐曲编创歌词并跟着音乐唱一唱。

2. 听辨乐曲中出现的打击乐器三角铁的声音，并模仿敲一敲。

【教学时间】

一课时

【教学准备】

钢琴、多媒体、部分打击乐器

【教学过程】

（一）导入新课

1. 介绍《白毛女》的故事导入

《白毛女》剧情简单介绍，喜儿在等待父亲归来时，听到了什么？

设计意图：以故事作为背景创设情境。

师：今天，老师为大家介绍一位乖巧善良的姑娘，她的名字叫“喜儿”（出示PPT）从她的服饰装扮我们可以看出她和我们生活的时代（不同），对了，她是生活在中华人民共和国成立之前，我国北方的一个小村子里，她和父亲杨白劳相依为命，都是勤劳朴实的农民。（出示杨白劳和喜儿剧照），但是那个时候的农民经常会受到地主阶级的压迫，瞧，这是地主黄世仁（出示黄世仁剧照），他就逼得杨白劳不得不离开家出门躲债。在一个大雪纷飞的夜晚，喜儿一个人坐在窗前。（出示喜儿坐在窗前剧照）

2. 听音乐片段，感受乐曲的情绪

设计意图：学生初步感知音乐的情绪特点。

师：这时，耳边忽然传来了小伙们的阵阵欢笑声，这时她才想起，原来今天是个非常重要的节日，我们一起来听这是哪个重要的节日呢？（播放过渡段音乐）

生：是新年。

师：音乐给你什么样的感受让你想到是新年呢？

生：音乐很快欢快，听得很开心。

师：大家都同意他的意见吗？看来咱们班的同学音乐感知力都很棒！

3. 揭示课题

看图片，说说喜儿和小伙伴们正在做什么呢？

（剪窗花、贴窗花、迎新年）

师：喜儿的小伙伴们知道她一个人在家过年，于是大家都不约而同地来到了喜儿家里，要帮着喜儿一起张罗着迎新年，喜儿看到小伙伴们以后心情会是怎样的呢？喜儿和小伙伴们正在做什么呢？（出示贴窗花的剧照）

生：贴窗花。

师：原来啊，她们正在忙着剪窗花、贴窗花、迎新年呢！

齐读板书课题《窗花舞》（片段）（板书课题）

设计意图：明确本节课学习的具体内容。

师：今天我们就来学习一首和窗花有关的管弦乐作品，叫作《窗花舞》。（边说边写板书）请同学们和老师一起齐读课题《窗花舞》，请大家注意：我们今天要听的是《窗花舞》其中的一个片段。

评析：由于本节课所要欣赏的作品对于学生来说可能比较陌生，所以，从讲故事入手会更加吸引学生的注意力。像“地主”和“佃户”的角色学生了解的也不多，就借助人物剧照来呈现会更好地帮助学生了解音乐作品的背景。更好地进入到作品的情境当中去。

（二）欣赏《窗花舞》片段

1. 完整聆听全曲

（1）初听全曲，感受情绪、分辨管弦乐器音色。

问：喜儿的心情是怎样的？

你能听出音乐中主要使用了哪些管弦乐器吗？

师：首先，我们一起完整地聆听全曲，感受音乐的情绪是怎样的？喜儿在见到小伙伴们之后的心情是怎样的？你们能听出这首管弦乐作品中主要使用了哪些管弦乐器呢？当你听到熟悉的乐器声时，你能跟着音乐模仿一下这种乐器的演奏姿势吗？（播放全曲，边听边做演奏提琴、长笛、双簧管的动作）

师：我们先来说说，喜儿现在的心情怎样了呢？大家一起说。

生：开心。

师：喜儿看到有这么多的小伙伴们来陪着她一起迎新年，心里可开心了。

（2）简介主奏乐器并出示图片

设计意图：整体把握音乐情绪，明确使用的主奏乐器。

师：刚才老师在听的过程中发现很多同学都在演奏各种不同的乐器，谁来说说你都听到了哪些乐器的声音？

生：小提琴。

师：你能模仿一下它的演奏姿势吗？

（生模仿）

师：还有呢？

生：笛子、单簧管。

师：在西洋管弦乐器中的笛子，有长笛和短笛。刚刚我们听到的是长笛的声音，除了单簧管音乐中还大量地使用了双簧管，这两种乐器很相似。我们一起来看一下，这首乐曲中使用最多的是小提琴、长笛和双簧管。（出示乐器图片）我们班同学的小耳朵可真灵敏。

评析：这是一首管弦乐作品，对于这一点必须让学生达到一定的认知，但这节课的重点并不是对管弦乐器的详细介绍，因此，只是采用熟悉的乐器感知的这种复习式的介绍乐器。让学生既了解全曲的情绪特点又能了解使用的主奏乐器，对乐曲有一个整体的感知概念。

2. 欣赏《窗花舞》过渡乐段

（1）聆听过渡段，听辨打击乐器的音色

师：下面老师就要把难度升级，再来考考你们，下面的这段音乐中，除了刚刚是我们说到的几种西洋管弦乐器以外，你还能听到有哪些中国传统的打击乐器呢？（播放过渡段音乐）

师：你听到了哪些乐器？

生：架子鼓。

师：你真棒！这里确实有鼓的声音，但那是我们中国传统的打击乐器，叫作小堂鼓。

生：听到有锣的声音。

师：你听得可真仔细，你知道锣这种乐器，那你会演奏吗？给我们模仿一下。（生模仿）你的音乐能力可真强！

师：还有其他的乐器吗？

生：长得像帽子一样的，敲起来叮叮当当的乐器。

师：你描述得可真有想象力，对了。这种乐器它的名字叫作“钹”。这段音乐中使用的打击乐器分别有“锣、鼓、钹”。

（2）出示打击乐器的图片和实物，介绍乐器的特点和演奏方法

师：今天老师给大家带了鼓和钹，同学们想不想来演奏一下呢？

生：想。

（3）为旋律设计打击乐器的伴奏位置

师：我们刚刚听到的这段音乐中出现的打击乐器的声音，是一直都在不停地演奏？还是在演奏的过程中有出现一定的规律呢？下面让我们一起再来听这段音乐找一找答案，请同学们选择自己想要演奏的乐器的姿势，跟着音乐边听边做打鼓或是打钹的动作。（播放过渡段音乐一遍）

（4）加入打击乐器完整表现过渡段

设计意图：让学生通过聆听、设计和演奏打击乐器的方式，参与音乐体验。

师：你找到答案了吗？是一直都在伴奏还是有规律的伴奏？

生：有规律，一句有，一句没有。

师：那下面请你选择一种乐器，老师来哼唱旋律，我们配合一下演奏怎么样？

（师哼唱，学生模仿敲奏）

师：他是这样演奏的，同学们觉得这样演奏怎么样？（很好）那我们一起来跟着老师边唱边演奏。

师：那谁能来给我们演示一下另外一种打击乐器的伴奏吗？

（师哼唱，学生模仿敲奏）

师：同学们一起来试试，注意演奏的姿势。

师：下面我想请两位同学上来试一下演奏这两种乐器，其他的同学请选择一种你喜欢的演奏姿势，我们跟着音乐一起演奏一遍好吗？

（指名两位同学上台跟音乐演奏鼓和钹）

师：同学们可真了不起，第一遍音乐突然出现同学们跟得不是特别好，但是第二遍就立即更正了，反应特别迅速，音乐的感知力也特别强。

师：刚才这段敲锣打鼓的热闹音乐一下子就把我们带入到了新年的氛围中，喜儿和她的小伙伴们在一起迎新年咯！

（板书：迎新年）

评析：这部分音乐是《窗花舞》其中的一个过渡乐段，也是这节课中学生

聆听到音乐的第一部分，这个乐段整体的音乐情绪是欢快生动的。虽然这是一首管弦乐作品，但是全曲的中国民族风格确实十分浓郁，特别是加入了中国传统的打击乐器锣、鼓、钹，让学生一听就能感受到中国新年的韵味，值得引领学生进一步挖掘乐曲特点，也很适合二年级学生认知的一个切入点。因此让学生通过感知参与音乐，听辨传统打击乐器的音色、再到听辨节奏进行自己的实践创作。虽然这里我们运用的是传统打击乐器鼓和钹为音乐伴奏，其实和奥尔夫音乐教育中打击乐器的使用是保持一致的，只是在尊重音乐“原本性”的前提下，我们使用的是更符合乐曲风格的中国传统打击乐器，目的都是在引导学生对音乐的感受。当年奥尔夫所研制的很多乐器，其实也是在各国各种乐器的基础上发展形成的，他一直在说的“原本性”就是尊重音乐原来的样子，中国的音乐就用中国的打击乐器这是非常适合的，按照奥尔夫的原理和方法进行指导实践，这大概就是所谓的将原理“本土化”从而更贴合我们的教学实际，将原理“实用化”。

3. 欣赏《窗花舞》第一部分

（1）感受旋律强弱力度和旋律起伏的变化

师：年味越来越浓了，虽然喜儿的那个时代还比较贫穷，但是这丝毫不能抵挡她们对新年年俗的重视。她们先是在一起展开了讨论，“我们做什么年俗比较好呢？”在接下来的这段音乐中，你能听到旋律高低变化和强弱的变化吗？是不是好像是她们在讨论着什么呢？讨论的结果是什么呢？

生：听到高低变化，贴窗花。

师：她们在讨论着选用贴窗花的年俗。窗花不仅可以美化环境烘托节日的气氛，而且只需要一张红纸一把剪刀，通过姑娘们的一双巧手就能完成。这个讨论结果真不错。

（2）体验音乐与剪窗花的关系

① 为前半部分音乐编创歌词，用对答的方式唱一唱

师：同学们想一想，贴窗花的窗花是从哪里来的？对了，先要一起剪窗花。那这段讨论我们来给她们加上歌词吧？首先老师扮演喜儿来问，你们回答。“我们一起来呀，干呀干什么？”

生：“我们一起来呀，剪呀剪窗花。”

师：好，让我们一起来看歌谱，唱一唱吧。

第一遍：放慢速度填词演唱，注意反复记号中出现的地方不演唱，后半部分要唱出渐强的感觉。

第二遍：请同学们在“剪呀剪窗花”的地方加入剪的动作，完整读一遍歌词。

第三遍：跟琴师生合作演唱一遍。

第四遍：跟着音乐师生一起边唱边做

第五遍：唱出喜儿和小伙伴们开心的心情。

② 分析后半部分旋律线的起伏特征，用动作表现

师：喜儿和小伙伴们一边唱着歌一边开心地剪起了窗花，剪刀在她们手中上下飞舞着，她们都剪出了哪些线条出来呢？让我们一起来从音乐中找找答案吧！（播放第一部分后半段音乐，老师做剪线条的动作）

生：弯弯的，波浪线，横线。

师：我们都拿起手中的小剪刀跟着喜儿她们一起再来找一找这些线条吧。（再次播放音乐带着学生做剪线条的动作）

③ 听音乐与画出旋律线

师：有很多起伏变化的线条。那你们想知道喜儿她们用了这么多变化的线条，到底剪出了一个什么样的图案吗？

生：想。

师：下面就让我们一起来看个究竟吧。

（师板书跟着音乐画出“鱼”的图形谱）

师：她们剪出的是什么？一起说。

生：鱼。

师：那你们知道在新年的时候剪出小鱼寓意着什么？

生：年年有余。

师：同学们想跟着喜儿她们一起来剪一剪吗？准备。

（生跟着老师一起剪“鱼”，PPT播放“鱼”的图形谱）

（3）完整表现乐曲的第一部分

设计意图：通过聆听分辨音乐的旋律起伏和力度变化，加以情境的想象和创设，用歌唱和肢体动作的方式表现音乐。

师：刚才这部分音乐先是喜儿她们在讨论，后来大家都确定选用剪窗花这个年俗，于是就设计剪出了一条“年年有余”。那下面我们就把这段音乐中唱剪窗花和剪出的小鱼一起完整地表现出来可以吗？注意音乐的速度比较快。

（播放第一乐段音乐）

师：那现在同学们能告诉我这个部分的音乐中喜儿和小伙伴们在干什么呢？

生：剪窗花。

（板书：剪窗花）

评析：这个环节的设计可以说是整节课的重点所在。欣赏课上不仅要培养学生养成良好的聆听习惯，而让学生充满想象力、对音乐本身产生更浓厚的兴趣才是教学的最终目标。因此在这个环节中，我不仅设计引导学生从音高和力度的变化加入自己的想象，从乐器的一问一答中编创出歌词的一唱一和。歌词简单易记，也能突出重点。让学生进入到音乐的每个小节之中，感受音乐带给他们的快乐。而在后半段根据旋律的起伏变化想象成剪窗花时的线条，则是更加激发了学生对音乐的想象力。而一条“鱼”的绘制，不仅具有音乐性，更和年俗相符，让学生对音乐充满了好奇与期待。而这个教学环节运用的正是奥尔夫教育中语言在音乐教学中的运用和图形谱的运用。

4. 欣赏《窗花舞》第二部分

（1）初听，听辨打击乐器

师：窗花剪好了，接下来我们就要开始贴窗花咯，这么漂亮又充满吉祥寓意的窗花你们想贴在什么样的窗户上呢？

生：很干净的窗户。

师：作曲家也是这么想的，于是他就在音乐中设计加入了一种打击乐器，这种乐器的声音听起来让人们有眼前一亮、焕然一新的感受，我们一起来听听，你们能听出是哪种打击乐器吗？（播放第二部分音乐）

师：同学们听出来了吗？

生：三角铁。

师：你们的小耳朵可真灵！那下面就让我们一起来听一下它的声音，是不是真的有焕然一新、眼前一亮的感觉呢？

（现场演奏三角铁，学生听三角铁的音色）

（2）出示三角铁并介绍三角铁的演奏方式

师：我们知道三角铁一般的演奏方式是敲奏，除了这种方式，同学们还知道有其他的演奏方式吗？

预设一（生：知道，还有滚奏。师：那就请你来为大家示范演奏一下吧）

预设二（生：不知道。教师讲解滚奏，并请同学来现场演奏感受）

（3）出示乐谱，找出三角铁出现的地方并跟着音乐模仿敲击三角铁的动作

设计意图：通过听辨了解打击乐器三角铁的音色特点和演奏方式。

师：下面我们再听一次音乐，对照乐谱一起来找一找，三角铁的伴奏声音都出现在哪些地方呢？请同学们徒手跟着音乐模仿演奏。

师：三角铁的声音出现在乐曲的开头还是中间还是结尾呢？

生：中间。

师：对了，我们听到三角铁的声音从第八小节，乐谱中标注出的波浪线就是滚奏的意思。让我们跟着音乐再来演奏一次吧（播放音乐，再次模仿演奏，请一位同学上台演奏）

（4）设计贴窗花的动作造型

师：明亮的窗户有了，那谁能帮我设计一个美美的贴窗花的动作呢？

（5）邀请个别同学上台展示自己设计的动作，其他同学跟着做一做。注意整个身体的姿态

生：设计动作展示，上下左右双手往前。

师：他的这个动作很美，我们大家都来跟着他试一试，看看谁贴的动作最美最优雅？

（6）引导学生将自己设计的动作串联起来，形成一系列贴窗花的动作来进行表演

设计意图：引导学生自己编创贴窗花的动作，用动作感知音乐。

师：同学们的动作都很美，那我们能不能把这些动作串联起来变成我们的窗花舞呢？咱们跟着音乐一起来美美地贴一贴吧！

（播放音乐，师带领学生做贴窗花的动作）

（7）欣赏芭蕾舞剧《窗花舞》视频，感受芭蕾舞的优美动作

设计意图：直观感知芭蕾舞剧的特点。

师：刚才有的同学贴的姿势特别美，还有一些同学呢，还有些紧张，没有跳出这种优雅优美的感觉。老师突然想起来，咱们的这首《窗花舞》片段可是选自芭蕾舞剧《白毛女》的选段，大家想不想看一看芭蕾舞剧中喜儿和她的小伙伴是怎么优雅地去贴窗花的？她们的动作有什么特点呢？

（观看芭蕾舞剧视频片段）

师：她们跳得美不美？美，我们给她们一些掌声吧。

有什么特点？

生：踮脚、转圈。

（8）完整表现乐曲的第二部分

生：贴窗花。

师：同学们想不想模仿她们的样子来跳一跳呢？虽然我们不会踮起脚尖，但是我们也可以踮起前脚掌，身体提拔向上，动作再拉长，优雅一些。好，让我们把姿态摆好，跟着音乐再来美美地跳起来吧。请跳得好的同学上台领舞。

师：同学们对自己刚才这一遍跳得满意吗？看了她们的表演之后，同学们跳得好多了。这一段的音乐都是喜儿和她的小伙伴们在干什么呢？

（板书：贴窗花）

评析：对于乐曲第二部分的聆听，也是从打击乐器和舞蹈表现两个层面进行的，根据奥尔夫的听力训练和身体动作训练，引导学生思考音乐中哪怕是最不起眼的一种小乐器，都对音乐有着不可估量的作用，通过听力听辨出三角铁的加入带给我们焕然一新的音乐感受，让学生对于音乐的认知开始从整体到局部引发他们的思考。而用舞蹈来表现音乐，虽然老师和学生都没有办法具备芭蕾舞蹈演员的能力，但是我们对于芭蕾舞的欣赏和鉴赏还是可以培养的，引导学生从细节发现美，找到芭蕾舞的特点，哪怕动作不够标准，但是对美的这种感受学生还是很快把握到的，把教育做到润物细无声。

5. 完整表现窗花舞全曲

回忆三个部分每个部分的表现形式并完整表现。（过渡段打击乐器伴奏、第一部分演唱并加入剪窗花的动作，第二部分做贴窗花的动作）

设计意图：用演奏、歌唱、肢体动作完整表现音乐。

师：到这里，这首音乐我们已经完整地欣赏完了。回忆一下，我们这首音乐一共分为几个部分来表演的？迎新年我们是怎么参与表演的？

生：鼓和钹的表演。

师：剪窗花的时候我们是怎么表现的？

生：先唱再剪。

师：最后我们是一起用最美的动作来贴窗花的。现在让我们一起完整地表现一下这首音乐吧。

（完整播放全曲，加入打击乐器、唱、剪、贴）

评析：奥尔夫教育理念中，“整体的艺术”是他的一个非常重要的理念，奥尔夫认为音乐、语言、舞蹈以及节奏结合应该是一体的，完整地呈现表演才是音乐原来的样子，而不是割裂开来的，每一个单项能力的训练，都是为了最后整体展现音乐。将所有元素融为一体才能带给学生最完整的感受，所以，最后的完整表现音乐不仅是对学生掌握能力的考查，更重要的是带给学生全方位的音乐感知并从中获得身心美好的感受。

（四）拓展延伸

1. 了解剪窗花，贴窗花的年俗意义

师：窗花贴好了，看着这么美的窗花，心情也变得美好起来了。同学们那你们知道为什么会在新年的时候有剪窗花、贴窗花的年俗吗？

生：年年有余，美好的寓意。把自己最喜欢的东西贴出来，对新一年的美好希望，还可以防止年兽的攻击。

师：看来同学们知道的可真不少。剪窗花在我们中国已经有1500多年的历史了，虽然它制作的工具很简单，但是它的制作工艺却着实不简单。人们只能通过一把剪刀把自己心中的图案在小小的一张红纸上展现出来，既要生动有趣，又要美观精致。这不仅是一种技艺的传承，更是我们中华民族千百年来劳动人民智慧的一种传承。

2. 展示窗花送祝福

师：你们看，（PPT展示窗花）我们的窗花各式各样，而且每种图案都蕴含着不同的寓意。大公鸡代表着欣欣向荣，还有十二生肖和福娃、福字等等，这些都是新年最美好的祝愿。同学们你们有没有一些新年美好的祝愿呢？如果用一张窗花送祝福你想对你最喜爱的人说什么呢？

生：祝我的家人们年年有余，新年快乐。

生：猪年大吉，万事如意。

生：爷爷奶奶身体健康，寿比南山。

师：一张小小的窗花就能带上我们最真诚的祝福。同学们你们会剪窗花吗？（会）那请同学们把刚刚课前自己剪好的窗花拿出来，让我们一起对着它许下自己最美好的新年祝福，然后贴在窗户上去吧！

起立，让我们打开窗花，一起说：新年快乐。

请大家排着队贴在窗户上。同学们再见！

3. 有序贴窗花离开教室

设计意图：了解剪窗花、贴窗花的年俗意义，创设情境，让学生感受过新年的热闹气氛。

评析：音乐课堂最后的总结和情感升华对学生来说是非常有教育意义的。从一首作品走进中国民族音乐，再从中国民族音乐到中国民俗文化，这些都是值得我们中华儿女为之骄傲和自豪的，从而让学生能有这样的民族自豪感，了解年俗，喜爱年俗，传承年俗，提高民族文化自信，也是我们所有老师的重要使命，而这节课的设计意图也是在于此。

【名师点评】

王蓓蓓：高级教师，安徽省特级教师，合肥市小学音乐教师培训基地领衔名师、合肥市王蓓蓓小学音乐教育名师工作室领衔名师，合肥市音乐学科带头人。

田梅老师执教的《窗花舞》（片段）选自芭蕾舞剧《白毛女》，这是一首运用西洋管弦乐演奏的一首具有中国典型民歌风的作品，作品中除了使用了大量的西洋管弦乐器，还加入了中国传统的打击乐器进行伴奏，因此教师以听辨传统打击乐器为切入口，以锣、鼓、钹典型的音乐特征引导学生从乐器音色的听辨再到节奏的出现，最后加入乐器的现场伴奏，循序渐进，既符合二年级学生的认真特点，又大大吸引了学生的参与积极性，并通过自己的亲身实践感受到了中国传统打击乐器为乐曲带来的“年味”。虽然演奏的乐器是中国传统打击乐器，但是和奥尔夫教育理念的原本性是一致的，首先是关注了对学生的听力训练，然后是运用了打击乐器，这个乐器的选择也是在尊重音乐的“原本性”的意义上，教师并没有用奥尔夫专有的乐器，而是选择了更加符合乐曲情境的传统打击乐器鼓和钹，尊重音乐原来的样子，为学生树立了一个很好的音乐概念，值得肯定。本节课除了打击乐器的使用，还有从节奏入手为旋律编创歌词，以及引导学生自己编创舞蹈动作参与到音乐表演中来，特别最后完整的整体性的表演，这些教学方法就是将奥尔夫教育的理念很好地与中国作品相结合，实现中国“本土化”的教育特点，在尊重音乐原本性的基础上，运用更新的理念，帮助学生快速掌握音乐作品，让学生通过各种各样的方式喜欢上我们的民族音乐，进而拥有更高的文化自信是非常重要和有意义的。

授课教师简介

田 梅

高级教师，教龄21年，合肥市第三批、第四批骨干教师；合肥市小学音乐教师培训基地授课专家；合肥市王蓓蓓小学音乐教育名师工作室成员；庐阳区骨干教师；庐阳区教学能手；合肥市红星路小学教育集团艺体教研组组长并兼任“小百灵”合唱团指挥工作。曾获得安徽省第九届小学音乐课堂教学评比一等奖；合肥市合唱指挥基本功比赛一等奖等。辅导“小百灵”合唱团12年，参加并获得了 “维也纳世界和平合唱节”和平天使奖；新加坡“中新青少年交流盛典”金奖；“欢动北京”世界青少年文化交流周金奖；“魅力校园”第六届童声合唱比赛二等奖；第六届中国童声合唱节银奖；第九届中国魅力校园合唱节二等奖；第七届世界青少年合唱节银奖；庐阳区第四届社团评比特等奖；连续四年获合肥市中小学文化艺术节合唱展演一等奖等，并在2016年和2019两年负责训练、参与组织举办了“小百灵”合唱团首届、第二届两届合唱专场音乐会。

《牧歌》教学实录与评析

合肥市建平实验小学南艳分校　苏　婧

【课型】

音乐欣赏课

【教学内容】

小提琴曲

人音版小学音乐四年级上册第二单元《家乡美》

第一课时《牧歌》

【教材分析】

《牧歌》是沙汉昆于1953年根据蒙古族民歌长调《牧歌》改编的一首小提琴曲，该曲曲调悠扬宽广，具有典型的蒙古族长调特征。音乐舒展优美，富有浓郁的草原气息，体现了南北朝民间歌谣《敕勒歌》中“天苍苍，野茫茫，风吹草低见牛羊”的意境。小提琴田园牧歌风格的演奏，表达了牧民的幸福和希望。乐曲分三段，第一段是行板，以蒙古族民歌《牧歌》旋律为主题，稍作变化，从弱拍起，拉宽了民歌的节奏。舒展的节奏，低回婉转的旋律，将草原美好的画卷徐徐展现在人们眼前。主题旋律总共出现2次，第二次出现的时候，旋律移高了八度。第二段是稍快的小行板，三连音、五连音、十六分音符经过句的使用，使得该段音乐和第一段形成鲜明的对比，情绪更加激动，表达情感更加强烈。第三段音乐在泛音中飘逸致远。整首作品中钢琴伴奏声部连续变化和弦的运用，使得作品意境更加丰满。

【学情分析】

四年级学生基本已经养成良好的聆听音乐的习惯，能够表达聆听音乐的感受，能够通过聆听、演唱、律动等多种音乐实践活动，感受音乐基本要素在作品中的作用。善于模仿教师的动作表现音乐，但是想象力、创造力、即兴表现能力比较缺乏，需要通过教师有层次的引导来激发学生的情感抒发。

【教学目标】

1. 聆听小提琴曲《牧歌》，体会和表达对家乡的赞美和热爱之情。

2. 通过聆听、即兴表演、即兴编创歌词等音乐实践活动，感受主题旋律悠扬宽广的特点，体会蒙古族长调民歌的风格特点。

3. 感受小提琴音色美及丰富的表现力。

【教学重点】

1. 引导学生通过分析音乐要素，感受蒙古族民歌长调悠扬宽广的特点，激发学生对家乡的赞美和热爱。

2. 引导学生感受小提琴音色美与丰富的表现力。

【教学难点】

1. 即兴律动表现音乐。

2. 为主题旋律即兴编创歌词，并唱一唱。

【教学时间】

一课时

【教学准备】

希沃课件、钢琴、小提琴、彩色丝巾

【教学过程】

（一）导入新课、创设意境

以小提琴曲《牧歌》作为背景音乐，引导学生观看内蒙古大草原美丽风光视频，师生自由交流导入。

师：同学们你们好，今天邀请你们去我的家乡做客，请你们猜一猜，我的家乡在哪里？（以小提琴曲《牧歌》为背景音乐，播放草原风光视频）

生：美丽的内蒙古大草原。

师：那你们知道，我们蒙古族人民平时都喜欢做什么吗？

生：蒙古族人民喜欢骑马、射箭，还喜欢摔跤，他们每天都在美丽的大草原上放羊、放牛，他们还喜欢唱歌。

师：那你们知道，我们蒙古族人民每天一边放羊、放牛唱的歌叫什么吗？

生：放羊歌、放牛歌。

师：你们说对了，我们蒙古族人民平时放羊、放牛的时候，心情可开心了，看着这美丽的大草原呀，我们就情不自禁地唱起歌来，我们把这样的歌叫作“牧歌”，也就是放牧的时候唱的歌曲。

师：其实，我们平时的生活可丰富了，就像你们刚才说的，我们喜欢骑马、射箭、摔跤、放牧，我们平时喜爱演唱的很多牧歌都表现了我们快乐的放牧生活。今天，就让我们一起分享一首1953年作曲家沙汉昆根据我们蒙古族的《牧歌》改编的一首器乐曲，这首器乐曲的名字也叫《牧歌》（播放PPT），同学们，和我一起感受我们美好的放牧生活吧。

设计意图：遵循“原本性音乐理念”，以音乐本体即《牧歌》本身为背景音乐，营造蒙古大草原广阔无垠的意境，从而自然而然地引导学生走进本课的意境中。

评析：欣赏课的教学目标之一，就是引导学生通过各种方式感受美，而对于四年级的学生来说，虽然他们已经养成了一定的安静地聆听音乐的好习惯，但是对于器乐曲这样的非常抽象的音乐形式来说，如果教师不能很好创设合适的音乐意境，引导学生进入音乐，那么学生独自感受音乐、欣赏音乐、理解音乐还是比较困难的。我们可以遵循奥尔夫音乐教学法的特点：从音乐本体出发，这节课要给学生欣赏的就是这首小提琴曲《牧歌》，这就是音乐本体，这首音乐本身就是再合适不过的背景音乐了，学生们在小提琴优美的、吟唱般的音色中，观看蒙古族大草原美丽风光视频，这样的视听结合的方式，为后面的环节做了非常充分的情感激发和铺垫，整节课在优美的意境中贯穿始终。

（二）欣赏小提琴曲《牧歌》

1. 完整聆听全曲

（1）完整聆听全曲，充分感受音乐，听辨主奏乐器音色

师：请闭上眼睛安静地聆听，随着音乐，轻轻地自由摆动身体。

① 你感受到了怎样的一幅画面？

② 这首器乐曲的主奏乐器是什么？

生：我感受到了音乐很抒情；我感受到音乐很慢；我感觉很好听，好像看到了蓝天、白云；我好像看见牛和羊在大草原上快乐地吃草。

生：主奏乐器是小提琴。

（2）师生总结，体会小提琴音色带来的感受

师：作曲家沙汉昆于1953年根据蒙古族长调民歌《牧歌》改编的一首小提琴独奏曲。小提琴的音色给你什么感受呢？

生：优美、动听，仿佛看到了牧民们在悠闲地放牧。

师：作曲家选择小提琴这一西洋乐器来演绎我们中国蒙古族民歌风格的音乐，因为小提琴音色是最接近人声的，如歌唱般动情地吟奏出对大草原的热爱和赞美之情。

设计意图：当学生还沉浸在刚才导入环节创设的美好意境之中的时候，直接完整聆听全曲，留给学生足够的想象音乐的空间，让他们自己充分地感受音乐，更容易激发学生的音乐想象力。

评析：音乐欣赏课是审美教育的主阵地，感受美、体验美、表现美。审美的本质就是想象，创造力也是从想象中产生的，给学生留有想象的空白就非常重要。遵循奥尔夫音乐教学法的“亲自参与、回归人本”的特点，引导学生在之前创设的美丽草原放牧生活的情境中安静地聆听全曲，才是真正给学生留有足够的、自由的想象空间，又进一步给即兴表演做铺垫。对于乐曲的主奏乐器小提琴音色的听辨，对于四年级学生来说不是难点，教师通过引导帮助

学生充分理解作曲家选用小提琴这一西洋乐曲来演绎中国蒙古族民歌风格的音乐，对更深层次地感受小提琴音色和丰富的表现力及乐曲的整体感知，是有很大帮助的。

2. 分段聆听

（1）聆听第一乐段

师：作曲家用怎样的音乐语言来表达赞美之情的呢？请你聆听第一乐段，仔细感受。

① 你的眼前仿佛出现了什么样的情景？

② 有没有相似的旋律？

（教师播放第一乐段）

生：我仿佛看到了美丽的蓝天；我好像看到了蓝天上有一朵一朵美丽的白云在轻轻地飘着；我仿佛看到了牛、羊在草原上吃草。

生：后面和前面的音乐很像。

师：这段音乐的节奏是怎样的？

生：节奏很舒展、抒情。

师：是的，舒展的节奏，婉转的旋律，将草原美好的画卷，徐徐展现在我们的眼前。

师：主题旋律其实出现了两次，请大家观看我现场演奏，感受主题旋律前后两次出现有什么不同？

（教师现场小提琴演奏第一乐段，一边演奏，一边引导学生通过观看和对比聆听）

师生互动

师：其实，主题旋律第二次出现的时候整体移高了八度，音区变高了。小提琴波音、泛音的运用，体现蒙古族民歌的风格，大草原的辽阔宽广。

师：如果用你自己的身体动作，随着音乐即兴表演你看到的美丽风光，你想表演什么呢？

生：我想表演随风吹动的小草；我想表演暖洋洋的太阳；我想表演可爱的小羊。

教师引导学生分组即兴表演（全班学生上课之前已经分成4个小组，成4个

弧形坐好，从前往后依次是1234组）

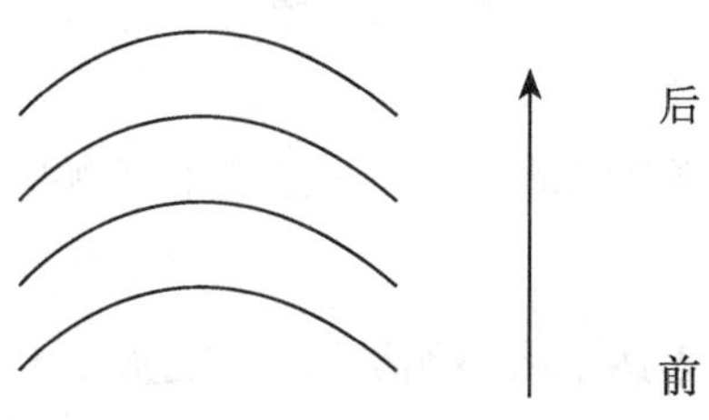

师：请同学们完整聆听第一乐段依次根据旋律高低和音区的变化，即兴表演，将随风吹动的美丽草原徐徐展现在我们眼前。

设计意图：教师始终在情境中引导学生，以“学生自己感受音乐”—“教师现场演奏分析音乐”—“即兴律动”这样的三步进行有层次的递进式音乐分析，第一步：学生先自己聆听音乐，自由想象音乐表现的画面，感受音乐表达的情感；第二步：教师通过现场演奏小提琴，进一步通过小提琴的演奏技巧、旋律、节奏等音乐要素分析音乐表现的内容；第三步：学生通过自己对音乐的理解和教师的深入分析，在充分理解音乐的基础上，遵循奥尔夫音乐教学法中“即兴”的理念，引导学生在充分聆听音乐、理解音乐的基础上，身体感知而后的发自内心的情感表达，从而更加充分地对主题旋律有了比较深刻的记忆，为欣赏第三乐段做好铺垫。

评析：遵循奥尔夫音乐教学法的“亲自参与，回归人本”观念，亲自参与音乐，就是学生不能仅仅是聆听音乐的听众，而是必须作为演奏者参与到音乐中来，他们甚至可以将自己想象成技巧娴熟的小提琴演奏家正在演奏着优美的旋律，通过琴声表达对大草原的赞美之情。教师现场演奏让学生很直观地感受到该乐段中旋律音区变高了，学生通过即兴律动表现内心对音乐的感受，从低到高，即兴表现随风吹动的小草、快乐的牛儿、羊儿、可爱的孩子、蓝蓝的天空、暖暖的太阳、轻轻飘动的白云等等，这样的即兴表现不是教师教给学生的，而是学生身体感受到了音乐，发自内心的表达。充分体现了奥尔夫音乐教学法的“回归人本”的理念，教师将符合学生学情的“引导”建立在学生聆听音乐、自由想象的空间之后，这样有层次的逐步引导才会在实际课堂中发挥作用，学生们对音乐的感受是不一样，即兴表现“小草”就各不相同，正是符合

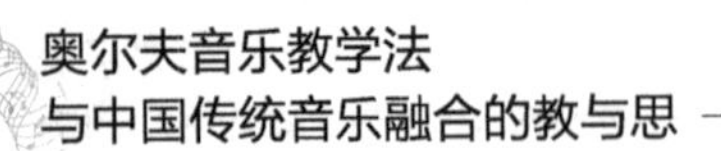

奥尔夫音乐教学法的“音乐属于每个人”的理念，所以我不要求学生按照统一的动作表演，培养了学生音乐想象力和创造力。

（2）聆听第三乐段

师：当你想表达赞美之情的时候，一遍够不够啊？

生：不够。

师：作曲家又一次表达了内心无尽的赞美之情，他又会用什么样优美的音乐语言来表达呢？我们一起来聆听第三乐段。（播放第三乐段）

师：听完第三乐段，你感受到了什么？

生：和第一乐段很像。

师：对了，你的耳朵很灵敏。那是完全一样的吗？谁发现了什么？

生：最后的地方不一样。

师：非常棒，这个乐段有一个尾声。我来演奏尾声，你们仔细感受尾声给你们什么样的感觉呢？

（教师小提琴演奏尾声）

生：我感觉变慢了；我感觉变弱了，好像羊群和牛群回家了；我仿佛看到太阳落山了。

师：你们的想象力非常丰富，你们想象出来的画面真的是太美了，仿佛把大草原上夕阳西下的美景展现在我们眼前；尾声中，小提琴的泛音，仿佛营造了人们有无尽的对家乡的赞美之情，却又欲言又止的意境，给人们留下了无限的遐想空间，更是营造了飘逸致远的意境美。

师：我们又听到了和第一乐段中非常相似的主题旋律，那你能用优美的声音来哼一哼主题旋律，赞美这么美丽的草原吗？

（教师钢琴弹奏《牧歌》主题旋律，学生跟着钢琴慢速哼唱）

4/4 3 5 5. 5 | 56 7 6 6. 7 | 3 5 5. 6 | 56 5 - - - |

5 1 1. 2 | 3 2. 2 3 2 | 6 1 1 1 2123 | 1 - - 0 ‖（后略）

师：第一乐段和第三乐段中，主题旋律一共出现了3次，充分表达了对大草原无尽的赞美，你们能即兴编创歌词来吟唱这么优美动听的主题旋律吗？

（学生在教师引导下，结合PPT中的部分歌词提示，即兴编创合适的歌词，并演唱）

设计意图：奥尔夫重视强调的音乐教育应该是感性在理性之前，第三乐段和第一乐段非常相似，在刚才充分聆听、表现第一乐段的基础上，直接聆听第三乐段，更能帮助学生充分体验音乐本身，在奥尔夫音乐教学法理念下，学生亲自参与的聆听才是最有效的，才更能获得音乐感知和感受。学生亲自感受到该乐段中与第一乐段的相同部分和不同部分，帮助学生对音乐主题有充分的记忆。给主题旋律编创歌词是难点，遵循奥尔夫音乐教学法的教学原则“诉诸感性、即兴性、创造性”，沿着多遍聆听—多遍演唱—即兴编创的思路，为学生即兴编创做充分的铺垫。这也是聆听第一乐段以后直接聆听第三乐段这样安排的目的所在。

评析：音乐是重复的艺术。在重复中发现不同，在重复中加深对优美的主题旋律的记忆，为充分体验、感受作者用怎样的音乐语言表达对家乡的赞美之情做了充分的准备。学生能够在教师引导下，说出聆听音乐的感受，例如尾声表达的情感等，这都充分体现出奥尔夫的音乐教育理念：“语言即心灵”，能够用语言表达出来的，一定是心灵充分感受以后的自然情感流露，而不是刻意的，机械的。对于音乐欣赏课来说，这种心灵的培养，其实就是审美意识的培养。我们应该充分理解奥尔夫的音乐教育观念，在实际课堂教学，培养孩子能够主动地“从自己内心出发”来表达与音乐交流的感受，也就是聆听音乐的感受。

引导学生为作品的主题旋律即兴编创歌词，也是表达内心情感最直接的方式。四年级学生自己即兴编创歌词还是有一定难度的，但是本节课始终都在草原美好生活的情境之中，学生在编创歌词的时候有了之前充分的情感铺垫，结合教师对作品旋律、节奏、结构、乐器音色等分析，能够自然而然地即兴编创出蓝蓝的天、白云飘飘、茫茫的草原、可爱的羊群等歌词。教师再展示蒙古族民歌《牧歌》，引导学生对比自己编创的歌词来演唱，更能充分体会民歌本身的魅力。

（3）聆听第二乐段

师：请欣赏第二乐段，仔细感受节奏是怎样的？和第一与第三乐段对比，

情绪有什么不同？（播放第二乐段）

生：节奏欢快一些；情绪更加热烈了。

师：是的，小提琴通过三连音、五连音、十六分音符的多次出现，使节奏密集了，你们看我的演奏。（教师小提琴现场示范演奏）

师：密集的节奏，情绪更为激动，表达的情感更为强烈。那你想象到了什么情景？

生：我仿佛看到了小牧民们欢快地自由舞蹈，做游戏。

师：你能拿起你身边的丝巾，随着我的小提琴演奏，欢乐地舞蹈吗？

学生随着教师小提琴演奏，自由即兴舞动丝巾表现第二段音乐。

设计意图：第二乐段在旋律、节奏等方面都与第一和第三乐段有比较明显的区别。以“学生自己感受音乐”—“教师现场演奏分析音乐”—“即兴律动”这样的三步进行有层次的递进式音乐分析，帮助学生感受音乐，表现音乐。

评析：我们不难发现，婴幼儿会听着音乐做出各种各样的动作，蹬腿、毫无美感的蹦跳等，这就是人的本能。但随着社会的发展，人的这种本能和本性会逐渐失去，教师就需要帮助学生保持这种属于人自身的最可贵的本能，小学阶段的音乐欣赏课就是最好的阵地。这部分引导学生即兴表现音乐，教师也没有给学生固定的动作和任何示范，遵循奥尔夫音乐教学法的“亲自参与，回归人本”特点，完全给学生自由想象和表现的空间，培养了学生的即兴能力和创造力。奥尔夫认为“音乐应该是人的本能、本性的反应及产物”。

（三）完整表现《牧歌》

回忆三个乐段，完整表现全曲。（第一乐段：分4组逐渐即兴律动表现随风吹动的小草；第二乐段：自由即兴律动；第三乐段：加入歌词演唱）

设计意图：奥尔夫在他早期生活玩“傀儡戏”中逐步形成了“整体音乐”这一观念，将语言、动作、戏剧等结合起来，这一人本主义精神也成为了奥尔夫后来音乐教育思想形成的关键。引导学生完整表现音乐，将即兴律动、语言、歌唱、表演等结合起来，充分完整感受音乐，表达内心情感。

评析：遵循奥尔夫音乐教学法中“整体音乐”的观念，围绕本课赞美“家乡美”的主题，教师引导学生通过“即兴律动、演唱”完整表现音乐，充分感受和体验音乐。实际上课中，通过教师逐步引导，学生在聆听作品的过程中，会通过各种动作来表达内心的情感。有的学生就是通过自由的摆动身体来表达自己内心感受到美，虽然这些摆动看似没有规律可循，但这就是人本能的发自内心的感受，也是最原始的、回归自然的情感表达。他们会将双手高举过头顶，表达微风、白云；双腿随意摆动，表达随风摇摆的茫茫草原。双手随着音乐旋律和节奏的改变做各种曲线动作。这些即兴表演，都是基于整节课创设的家乡美、草原生活美好的意境中。

（四）结课

师：同学们，你们的表演仿佛让我置身于风景优美大草原中，能分享你的感受吗?

生：我好像看到了太阳就要下山了，他们赶着羊群回家了。

生：我感觉我就是快乐的小牧民，我喜爱草原。

生：我好像就是小提琴演奏家，正在演奏优美的旋律。

师：是呀，小提琴丰富的音色和表现力，把我们带进了美丽的大草原生活中，给我们展现了蒙古族的民歌魅力，希望你们也能够热爱民族音乐，更加热爱自己的家乡！让我们在《牧歌》中走出教室吧。

【名师点评】

郑倩：高级教师，合肥市小学音乐教师培训基地授课专家，合肥市骨干教师，合经区小学音乐兼职教研员，合经区音乐学科带头人。

感受与欣赏是小学音乐教育中非常重要的领域，小学音乐欣赏课应该充分培养学生的音乐感受力和表现力。苏婧老师执教的本节课以奥尔夫“原本性音乐”理念为指导，从音乐本体出发，教师引导学生始终在大草原美丽风光的意境中，聆听音乐、分析音乐、即兴表现音乐。重视引导学生在聆听、即兴表演等音乐实践活动中，培养音乐想象力，发展音乐创造能力，旨在提高学生音乐审美能力。整节课中，教师引导学生即兴表现音乐是最有特色的，“难点即亮点”，苏老师能够做到在潜移默化中引导学生，润物无声。教师始终引导学生在“家乡美”的意境中，引导学生亲自参与，虽然“即兴”这一音乐实践活动，对于四年级学生来说是有很大难度的，但是整节课学生在教师创设的情境中，在有层次的逐步引导下，轻松地“即兴”表现音乐，充分体现出奥尔夫音乐教学法“亲自参与，回归人本”的理念。小学传统音乐欣赏课是我们弘扬民族音乐、培养和激发学生们想象力和创造力的主阵地，苏老师将奥尔夫音乐教学法本土化，把握奥尔夫音乐教育体系中的“整体的艺术”观，从“原本性音乐”出发，引导学生在聆听音乐的过程中“即兴”表达对音乐的感受，保持人的音乐本能，通过音乐教育培养学生的想象力和感受力，寓教于乐，乐者乐也。

授课教师简介

苏婧

一级教师，教龄15年，合肥市建平实验小学南艳分校音乐教师，合肥市小学音乐教师培训基地2016—2018学年学员，合肥市王蓓蓓小学音乐教育名师工作室成员，国培指导专家、讲座专家，安徽省小提琴协会会员，合肥市小学音乐骨干教师，合经区小学音乐骨干教师，合经区明珠人才。曾荣获全国第十届中小学新媒体新技术创新课堂教学评比三等奖，全国第十一届中小学创新课堂教学评比二等奖，全国第十六届信息技术融合大赛二等奖，2019年安徽省“一师一优课、一课一名师”省级优课等。指导学生多次获奖：合肥市第十二届中小学文化艺术节器乐比赛三等奖，合经区第十二届中小学文化艺术节器乐比赛一等奖等；在省级以上期刊发表音乐教育论文3篇。

《牧羊姑娘》教学实录与评析

合肥市红星路小学　陈念芃

【课型】

音乐欣赏课

【教学内容】

双簧管与乐队
人音版小学音乐四年级下册第2课《少年的歌》
第三课时《牧羊姑娘》

【教材分析】

《牧羊姑娘》根据同名歌曲改编而成，叙述了旧时一个穷苦的牧羊女的凄凉生活。乐曲的第一部分，独奏乐器双簧管奏出充满辛酸、哀怨的主题。双簧管的音色带有忧郁的色彩，使音乐更显得苍凉而悲伤；第二部分音乐是在主题旋律的基础上加以变化和发展的，这一部分音乐在旋律上略有上扬，节奏也较活泼，音乐的色彩略显明亮。在双簧管独奏的华彩乐段之后，悲凉的主题旋律重现，由乐段和双簧管分别演奏前、后半段旋律，将牧羊姑娘和饥饿的羊儿留在暮色中。

【学情分析】

本课是基于四年级学生已经在第7册学习了旋律进行的知识后，在聆听中能够运用所学的知识更好地理解音乐，体会旋律和音色这两个音乐要素在音乐情感表现中的作用，并能根据音乐情绪对主题旋律进行演唱。

【教学目标】

1. 通过聆听乐曲旋律，感受旧时牧羊女的凄凉生活。体会乐曲的情感，珍惜今天的幸福生活。

2. 认识双簧管，了解其音色特点，并体会其表现作用。

3. 通过聆听、对比、感受等方式，了解旋律走向并对乐曲第一主题旋律进行演唱。

【教学重点】

通过聆听、对比、感受等方式，了解旋律进行在表现音乐情绪时的作用。

【教学难点】

了解乐曲主题旋律，画一画主题音乐的旋律线，体会旋律进行在表现音乐时的作用。

【教学时间】

一课时

【教学准备】

钢琴、多媒体等

【教学过程】

（一）导入

演唱《我是草原小牧民》导入放牧情境

师：同学们，今天上课前老师想带大家唱一唱，三年级时我们演唱过的一首草原歌曲《我是草原小牧民》，大家还记得吗？跟着老师一起来唱一唱吧！（师带领学生弹唱、也可做简单的蒙古族舞蹈动作，带领学生一起律动）

生：记得。（跟师一起跟音乐演唱）

师：这首歌曲给咱们描述了草原怎样的场景？小牧民是什么样的心情？

生：这首歌曲描述了草原牛羊肥，草儿青青的景色。小牧民的心情非常的高兴、愉快。

师：没错，同学们。在歌声中，我们体会到了作为新时代、新中国时期的小牧民喜悦的心情，也感受到了羊儿肥硕，草原一片生机的景象。

设计意图：通过对三年级草原题材歌曲复习，教师带领学生一起演唱歌曲，让学生先感受到草原放牧的欢乐情绪，为后续对比欣赏乐曲做铺垫。

（二）对比声乐歌曲《牧羊姑娘》

1. 教师演唱歌曲版《牧羊姑娘》片段，感受音乐情感

师：今天，老师想为大家带来另外一首关于放牧生活的声乐作品。请同学们安静聆听老师的演唱，听一听歌词内容，说说你的感受。（播放音乐）

生：我听到歌词的内容有“你（牧羊姑娘）为什么这样悲伤？”这样的歌词，让人感觉很忧伤、悲凉。

师：同学们说得很好，这首歌曲是由我国著名音乐家金砂在抗日战争时期所作的一首声乐作品《牧羊姑娘》。描绘了一个穷苦、凄惨的牧羊女被她的主人欺凌、压迫的故事。羊儿没有草吃，主人却把鞭子重重地抽打在她身上，非常可怜。这也反映出了当时中国的特点，牧羊女的哀怨也体现了当时大多数中国人的感情。

设计意图：教师带领学生欣赏声乐歌曲《牧羊姑娘》，学生通过聆听歌曲，初步熟悉歌词内容，体会歌曲情感，熟悉音乐旋律。

2. 学唱歌曲，感受情绪

师：现在，请同学们身体坐直，跟着陈老师的琴声一起来唱一唱歌曲的第一段，一起感受牧羊姑娘悲伤的心情。（PPT出示歌谱，弹奏《牧羊姑娘》旋律，带领学生演唱歌词）

生：（跟琴慢速演唱）

设计意图：通过三年级学习过的歌曲引入草原与牧民的关键词，再带领学生聆听并演唱歌曲《牧羊姑娘》对比两首歌曲不同的情绪特点，引入新课，创造情境。

3. 引入器乐曲，完整欣赏双簧管与乐队版本的《牧羊姑娘》

师：同学们，除了歌曲演唱能够表达情绪之外，音乐的本身能够表现吗？今天，老师想带领大家一起再来欣赏由刚才我们聆听的中国声乐作品《牧羊姑娘》改编的双簧管与乐队版本，让我们再听一听纯音乐是如何表现牧羊姑娘的心情的呢？跟着音乐，一起来走进她的生活。

生：（安静欣赏完整音乐）

4. 完整欣赏音乐，感受速度与情绪特点

师：下面，就让我们安静地聆听，你能感受到它的速度与情绪的特点吗？（播放音乐）

生：音乐的速度比较慢，情绪有点忧伤。

设计意图：通过歌曲引入双簧管与乐队演奏的版本，让学生再次体验歌曲情感，感受速度与情绪的特点，体会牧羊女的心情。

评析：采用聆听、演唱等方式体验乐曲情绪特点。基于四年级学生已经在第7册学习了旋律进行的知识后，本课的目的是让学生在聆听中能够运用所学的知识更好地理解音乐，体会旋律和音色这两个音乐要素在音乐情感表现中的作用。整节课是以聆听与情感表现为主线，贯穿了始终。《牧羊姑娘》作为一首欣赏曲目，在学习时，首先对乐曲进行完整的聆听与欣赏，这是非常重要的基础。其次，在导入新课时，通过对三年级的《我是草原小牧民》的复习演唱，先带领学生感受草原上的孩子欢快的心情，并引导学生联想牧羊、放牧等关键词，率先建立起草原放牧的情境感。再聆听《牧羊姑娘》歌曲版，让学生认真聆听歌曲内容，充分感受情绪的对比，并学唱一小段歌词，通过演唱让学生设身处地地了解牧羊姑娘哀伤忧郁的心情，顺势将学生引入乐曲欣赏的氛围之中。在奥尔夫音乐教育观念中，原本的音乐不只是单纯的音乐，它是一种人们必须自己参与的音乐。只有通过亲身参与，才能有自己的想法与感受，也能更好地融入音乐的情境之中。诉诸本性，回归人本也是奥尔夫音乐教育中最重要的理念之一。

（三）分段聆听感受乐曲

1. 聆听主题乐段一，感受乐句并尝试画出旋律线

师：现在，让我们闭上眼睛，再来感受一下乐曲开始部分的主题旋律。能

不能有同学告诉我，这一部分的音乐可以分为几个乐句？（播放主题乐段一音乐）

生：四个乐句。

师：同学们说得很准确。这一部分的确有四个乐句。

设计意图：通过乐句划分，让学生了解音乐结构。

师：现在，让我们再次聆听音乐。这一次，请同学们仔细感受音乐的旋律是怎样进行的？我想请一位同学到黑板上来画一画这段音乐的旋律线。其他同学在下面一起画一画。（再次播放主题乐段一）

设计意图：通过聆听音乐，让学生初步感知旋律走向，并自行画出音乐旋律线条，认真地聆听音乐。

2. 检查学生旋律线并纠正

师：现在，让我们一起来看一看老师画的这些乐句的旋律线，你们看看这段主题旋律是怎样进行的？旋律进行总体是上行还是下行？（PPT出示动态旋律线）

生：下行。

师：那同学们觉得下行的旋律适合表现怎样的情绪呢？

生：悲伤的，忧郁的。

师：对，这段音乐正是我们整首作品的主要主题旋律，通过音乐，我们能够了解到下行的旋律更适合表现忧伤的情绪。这就是旋律在表现音乐时重要作用的体现。如果我们给这段音乐一起想一个标题，你们有什么意见呢？

生：“姑娘悲伤”。

设计意图：通过聆听这一乐段的主题旋律，让学生感受下行旋律走向，体会下行旋律在表现音乐情绪时的作用，获得充分的情感体验。

评析：运用画旋律线、模仿演奏等形式，丰富学生情感体验与表现。在乐段一的欣赏中，设计了画旋律线的音乐体验活动。首先请学生聆听乐句结构，然后再邀请学生根据自己所聆听的旋律画出乐句的旋律线，并带领学生共同检查旋律线，循序渐进。画旋律线可以将音乐从听觉感受转变成视觉直观感受，用这样的方式可以引导学生更直接地感受、表现音乐，也能让学生更加专注在音乐之中，加深思考。奥尔夫教学法中人本身的情感占据了重要地位，并且他鼓励学生进行即兴体验与感受。不过在这一环节最初的设计中，没有循序渐进地铺垫好整个聆听环节，导致在试教时学生不知道从何画起，并画出了与预设答案偏离方向的情况。针对这一问题，在后续的试教中，添加了问题：你听到了几个乐句？这样学生可以通过聆听辨别出乐段一有四个乐句，从而分句画出旋律线。这样一来，课程内容设计得更合理，也能帮助生成最终的课堂效果，给学生带来良好的体验。

3. 聆听主题乐段二，说出旋律变化及乐器音色感受

师：刚才我们一起感受了主题乐段一的旋律，体会到旋律的下行在表现忧伤情绪时的作用；下面，让我们一起来聆听第二乐段。感受在这段音乐中旋律是怎样变化的，同时，演奏乐器的音色如何。（播放第二乐段）

生：（聆听乐段二）

设计意图：让学生认真聆听第二乐段，体会旋律和情感的变化，并让学生聆听乐器音色，为认识单簧管做铺垫。

师：谁来说一说这一段中旋律是怎样变化的？你觉得牧羊姑娘的心情发生了怎样的变化？

生：这段音乐中，旋律的速度变快了，旋律开始变得上扬。能感觉到牧羊姑娘的心情发生了改变，变得欢乐了些。

师：那这段音乐给你带来了怎样的感受？你能为这段旋律赋予你的想象吗？

生：这段音乐让我觉得牧羊姑娘应该是和羊儿一起，想象着未来的生活会变成什么模样。

4. 概括主题乐段二

师：在这一段音乐中，旋律略有上扬，节奏也变得稍显活泼。音乐的色彩略显明亮。也许是牧羊姑娘看到了未来的一点希望。但是这些希望都只是转瞬即逝的景象。末尾速度变缓，旋律下行，再次将她拉回了现实。概括一下，这段音乐的标题我们可以叫作“憧憬希望”。

设计意图：教师对第二乐段的旋律变化进行概括，让学生对下行旋律有所了解，并解释乐曲情感的转折，让学生能深切地感受牧羊姑娘的内心活动。

5. 提问乐器音色的感受，引出并简要介绍双簧管

师：那么，这段音乐中演奏乐器的音色带给你怎样的感觉？

生：乐器的音色听起来很舒服，不是非常吵闹。

师：嗯，你说得很不错。今天，我们欣赏的乐曲主题旋律正是由音色纯净，富有特点，十分具有表现力的双簧管演奏而成，同时乐队与其共同演奏，更加烘托了忧伤的气氛。

设计意图：通过聆听音乐，让学生描述所聆听到的乐器音色，学生初步认知双簧管。

（PPT展示双簧管图片，并介绍）

师：双簧管由簧片、上节管、下节管、扬音管组成，演奏方式为左手在上，右手在下，进行吹奏。它略带鼻音的音色，具有民间牧笛的特色，非常适用于田园风光和忧郁抒情的情绪。这就是乐器音色在音乐表现中的重要作用的体现。

设计意图：教师对双簧管进行介绍，让学生进一步了解双簧管，获得音乐知识。

6. 模仿演奏双簧管，进行活动

师：现在，让我们跟随一位演奏家来演奏双簧管独奏的第二乐段，体验一下演奏双簧管的姿势。并且在演奏过程中，请同学们认真体会速度与旋律的变化给我们带来的情绪转变，让我们随着音乐来感受牧羊姑娘心情的变化。（播放演奏视频让学生直观感受并聆听，跟着音乐模仿这一段的双簧管演奏）

师生：（共同跟着音乐模仿演奏双簧管）

设计意图：师生共同模仿双簧管的演奏，更加深入地了解双簧管的演奏方式；通过演奏，学生能更进一步地感受到速度、情绪的变化。

7. 为第二乐段选择合适的配器，为音乐加入伴奏

师：同学们，除了运用西洋管乐来表现我们的中国音乐作品，你们还能为音乐中加入一些打击乐器来伴奏吗？看看咱们能选择什么乐器来加入音乐比较适合呢？（出示三角铁、碰铃、木鱼、响板等图例）

生：我选择三角铁、碰铃。

师：没错，三角铁和碰铃属于金属类乐器，主要的特点是延绵音长、声音明亮、穿透力强。比较适合在速度较为缓慢的乐曲中进行伴奏。现在，请同学们自己想一想用什么样的节奏来进行伴奏。

生：（创作节奏）

师：现在，我请几位同学来演奏这两种乐器。其余同学跟着音乐继续模仿双簧管演奏音乐。

设计意图：通过为第二乐段选择合适的奥尔夫伴奏乐器，让学生自由创作，配合音乐并进行表演，发挥奥尔夫教学法即兴教学的特点。

评析：在这一部分的教学中，教师带领学生对第二乐段进行了细致的聆听，并让学生模仿演奏双簧管，为音乐选择合适的伴奏乐器，共同体会音乐的情绪转变。教师首先对音色进行了提问，引导学生说出双簧管的音色是纯净、适合表现略带忧郁的情绪的；其次教师对双簧管进行了介绍，目的也是要让学生更直观地了解双簧管。观察并模仿双簧管的演奏也能更好地体验音乐的节奏与旋律走向；通过三角铁和碰铃这两种金属奥尔夫乐器的创作编配和演奏能让学生更准确地体验到这些乐器更适合在怎样的音乐中运用，也能让学生更多地参与到音乐表现活动中。即兴创作也是奥尔夫音乐教育理念的又一重要方面，他鼓励学生即兴创作并进行表演，这一点作为音乐教师应该坚持在课堂中鼓励学生进行自由创作。奥尔夫说过：“就其整个范围来说，教学从即兴出发，而即兴应用节奏形式作为支柱，接着才是音的固定和记谱作为结果。”原本性的奏乐的出发点就是即兴演奏，一开始我们以自由的、节奏性的即兴去练习，这时以简单的固定音型作为基础和动力。所以在这节课中，用一些金属乐器为乐曲进行节奏伴奏也是一种即兴创作的体现。

8. 聆听主题乐段三，用歌声再次表达音乐的情绪

师：最后，让我们来到音乐的尾声部分，同学们听一听，这段音乐与前面的乐段相似吗?

生：相似。

师：乐曲最后的这段音乐，重现了第一乐段悲伤的主题旋律，但又不完全相似，所以我们可以称为A1主题。这一部分，是由乐队及双簧管演奏了前后半段的旋律，将孤独的牧羊姑娘和饥饿的羊儿留在了那暮色降临的山上。那么，我们是否可以将歌曲再次演唱起来，重现姑娘忧伤的情绪呢?

生：可以。

设计意图：通过聆听乐曲第三部分，感受主题旋律的再现，初步了解第三乐段。

师：通过我们刚才一起对歌曲的聆听与演唱，歌曲的第二句与第四句更贴合这段音乐的旋律，让我们一起再来演唱第一段这两句好吗？

生：好的。

（生跟琴演唱歌词）

师：那么，这段音乐我们可以为它起名吗？

生：“悲伤重现”。

设计意图：教师带领学生再次演唱歌曲歌词，共同感受第三部分音乐旋律所再现的音乐情感，加深学生对牧羊姑娘的情感体验。

9. 完整聆听，表现音乐

师：现在，让我们再来完整聆听音乐，一起来总结《牧羊姑娘》每段音乐出现的顺序吧。当你听到每部分音乐时就可以用刚才的歌声或动作来表现。

生：（跟音乐完整表现）

设计意图：完整聆听音乐并用综合形式进行表现，再次体验音乐旋律与情感，让学生完整地表现音乐，体会整首乐曲的变化。

评析：乐曲的第三部分是第一部分的大体重现，本在第二乐段上扬的旋律在这一段再次下行。教师引导学生演唱歌词再次体验情感，并让学生用旋律线、模仿演奏、演唱、打击乐器等综合的形式完整表现歌曲。这一点与奥尔夫音乐教育中综合性表演比较贴合。奥尔夫的音乐教育内容十分丰富，形式多种多样，教学方法灵活，在他的教学中，多种形式是富有意义的互相融为一体的，每一个过程对于教师和学生来说都是一个充满创造性的体验活动。就奥尔夫音乐教育理念自身特点看来，他在音乐教育中提倡的是一种“和动作、舞蹈、语言紧密结合在一起的”“一种人们必须自己参与的”音乐教育行为方式。在这里让学生完整地表现音乐，也是这一种理念的体现。

（四）拓展延伸

1. 欣赏二胡版《牧羊姑娘》

师：同学们，今天我们聆听的乐曲是由我们中国传统声乐作品改编的音乐，让我们知道原来中国音乐也能用西洋乐器来演奏。下面，老师也为大家带来了一个传统乐器二胡演奏的《牧羊姑娘》，让我们一起通过音乐来感受我们中国传统音乐的美丽。你认为二胡这种乐器适合表现忧伤的情绪吗？

生：（欣赏二胡版《牧羊姑娘》）

生：我认为二胡非常适合演奏悲伤的音乐，让人感觉十分忧郁。

设计意图：教师带领学生欣赏二胡版《牧羊姑娘》，让学生了解中国传统乐器在音乐中的表现力。再对比双簧管与二胡的音色，让学生说出二胡也适合表现悲伤的音乐，了解中国传统乐器的音色。

2. 总结下课：通过今天的学习你获得了哪些知识？

师：今天，我们通过了解旋律、乐器在音乐中的表现作用，感受到了两种音乐要素的重要性。同时，我们也聆听了由西洋乐器双簧管演奏的中国音乐作品《牧羊姑娘》。让我们感受到了中国音乐的魅力。课后，同学们还可以去欣赏更多的中国传统音乐，去体会各种乐器、旋律在音乐中的作用。今天的音乐课就到这里，同学们，再见！

评析：最后的拓展部分，选择让学生欣赏了一段由中国传统乐器二胡演奏的《牧羊姑娘》纯音乐片段，目的在于让学生了解二胡也非常适合表演这种旋律忧伤的音乐。整节课以中国传统音乐与西洋乐器的双向感受为主线，聆听声乐、管弦乐、民族乐器演奏的不同版本，紧紧围绕奥尔夫教学法在中国传统音乐中的应用为主旨，进行了教学。《牧羊姑娘》这首歌曲是中国声乐作品中较为经典的一首，是丰富传唱，人尽皆知的作品。在奥尔夫音乐“本土化”“中国化”的过程中，这样的经典性作品，不仅非常需要，而且应用价值很高。这种旋律优美的音乐，必定有一个美的结构。传统民间音乐的模式虽简单，但是却能生成更多新的结构，这一点与奥尔夫教学法中创造性的要求是相通的。并且，这样“经典性”的作品只要不违背儿童的音乐教育心理规律，真正做到“洋为中用”，做出独特的方向来，就能真正建立具有中国传统特色的音乐教育法。

【名师点评】

田梅：高级教师，合肥市第三批、第四批骨干教师；合肥市小学音乐教师培训基地授课专家；合肥市王蓓蓓小学音乐教育名师工作室成员。

陈念芃老师在《牧羊姑娘》的教学过程中，以奥尔夫音乐教学法的理念做指导，从音乐本体出发，在教师的引导下，学生通过聆听、演唱、画旋律线、模仿乐器演奏、打击乐器等方式充分感知乐曲本身，对每个乐段的情绪有了一定的认识，能对教师的问题做出较为准确的回答。学生对乐曲的结构也有了清晰的认识，教师与学生的互动配合也比较默契。特别是奥尔夫打击乐器的使用恰到好处，更加丰富了学生对音乐的感知和体验，充分体现出奥尔夫音乐教学法中“亲自参与”的这一理念。课堂教学较为有序，较好地体现了音乐审美。在教学中，学生能够很好地对音乐进行感受与体验，关注音乐本体，陈老师与学生一起发掘音乐的本源与乐趣，基本的教学目标、重难点均已达成，形成了高效与自由的音乐课堂。

授课教师简介

陈念芃

二级教师，教龄5年，合肥市红星路小学音乐教师，校“小百灵”合唱团辅导教师，合肥市小学音乐教师培训基地2021—2022学年学员，合肥市王蓓蓓小学音乐教育名师工作室成员。曾荣获合肥市第八届至十二届中小学文化艺术节合唱展演一等奖指导教师、庐阳区中小学教学课堂评比一等奖、庐阳区合唱指挥比赛一等奖、庐阳区钢琴、声乐基本功大赛一等奖等多项荣誉。她相信：孩子是这世界上最单纯可爱的存在，作为一名音乐教师，要永葆一颗童心，用自身的热情感染孩子；要学习更多的教育方法，把最有趣的音乐带给孩子；要尊重学生，把课堂的主动权更多地还给孩子，与孩子一起在音乐的世界里快乐地歌唱，尽情地翱翔。

《思乡曲》教学实录与评析

合肥市南门小学海恒分校　郑　倩

【课型】

音乐欣赏课

【教学内容】

小提琴独奏曲
人音版小学音乐五年级上册第五单元《故乡》
第一课时《思乡曲》

【教学目标】

1. 聆听《思乡曲》，感受、体验其音乐内容和音乐情绪。
2. 能够用肢体语言和丝带表达对乐曲的感受和理解。
3. 理解其所表达的思乡之情，培养学生的爱国主义情操。

【教材分析】

这是马思聪1937年所作《内蒙组曲》（又名《绥远组曲》）中的第二首。慢板以如歌如诉的旋律表现出远离家乡的人们对故乡的思念之情，乐曲的主题直接采用内蒙古民歌《城墙上跑马》的旋律，旋律具有深情、缠绵、忧伤的情调，乐曲在使用传统的带再现三部曲式的同时，运用了变奏的手法——三次变奏，一方面不断赋予主题新的形象，另一方面又起到了使情感递进高涨的作用。主题再现段在明亮的高音区，既表现出小提琴的丰富音色，又使情感的表达更加细腻，使人回味无穷的是，乐曲最后落在羽调式的属和弦上造成期待感，使思念之情久久回荡。

【学情分析】

五年级学生属于小学高年级阶段，审美处于从幼稚逐渐到成熟的感知阶段，对于乐曲的赏析有一定的欣赏能力，但他们较少欣赏有关思乡的乐曲，对于思乡也没有情感体验，乐曲聆听时不容易产生共鸣，不能产生画面感，又因乐曲欣赏时间较长，学生不能时刻关注音乐，但在之前的欣赏教学中，五年级学生已经有一定的音乐赏析能力，对于基本的乐曲的曲式结构以及旋律感较强的乐曲聆听有一定感知能力。

鉴于以上五年级学生的学情以及本首乐曲的旋律性特点，乐曲的三个乐段的感知以“离故乡—忆故乡—梦故乡”为情感主线，主要以情感引导、聆听感知为主要教学手段引导学生走进、走入乐曲深沉的思乡情感，运用奥尔夫教学理念，让学生用身体律动和丝带辅助感知旋律进行，从感知到体验再到深层感知。首先，从内蒙古民歌的聆听和歌词理解进入思乡情感，然后到乐曲主题旋律的感知和认知，从画旋律线的感知过渡到肢体语言的表达，深入体会主题旋律表达的思乡之情，用模唱和画旋律线以及蓝、黄丝带参与表现旋律的方式体会主题旋律委婉深沉的情感和旋律的进行特点，让学生深刻体会乐曲充满音乐性的表达。其次接下来通过聆听感受第二乐段带来的不同情绪的对比和变奏知识的了解，让学生自己思考用怎样的方式来表达情绪的递进，体会思乡情感的深入和不同表达。最后，第三乐段小提琴高音区的主题再现，引导学生说一说和第一乐段的不同情感表达和体会，再通过不同的肢体语言表达出思乡的情感体验。

【教学重点】

熟悉并记住《思乡曲》的主题旋律。

【教学难点】

体会、理解乐曲中传达的思乡之情。

【教学时间】

一课时

【教学准备】

多媒体课件、蓝色和黄色丝带、三角铁

【教学过程】

（一）导入

1. 聆听主题旋律片段引入

师：请同学们聆听一段旋律，边听边感受这段旋律的情绪和速度是怎样的？

生1：我认为这段音乐的情绪是略带悲伤的。

生2：音乐的速度是中速稍慢的。

设计意图：从主题旋律聆听直接进入，有利于学生快速进入乐曲情感感知，为整节课的情感基调奠定基础。

评析：导入环节的方式有很多种，这首乐曲情绪深沉、委婉，需要学生有耐心并静心欣赏才能体会其中的情感表达，从聆听主题旋律导入有利于学生快速进入情境，也营造了本节课较理性的教学基调。

2. 跟琴唱主题旋律，发现、感受旋律进行的特点

师：你们的感受都是对的，让我们来看看是什么样的旋律带来了这样的情绪体验。（出示主题旋律片段）

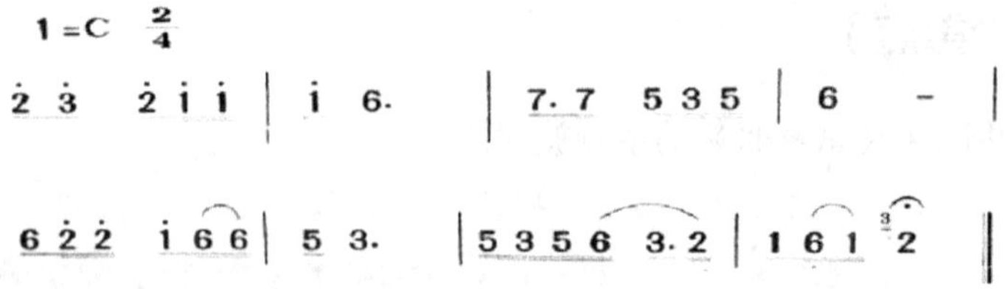

1=C 2/4

2̇ 3̇ 2̇ i i | i 6. | 7.7 5 3 5 | 6 - |

6 2̇ 2̇ i 6 6 | 5 3. | 5 3 5 6 3.2 | 1 6 1 2̇ ||

师：下面请你们随着琴声边用手画旋律线边慢速唱一唱，体会旋律有什么特点呢？

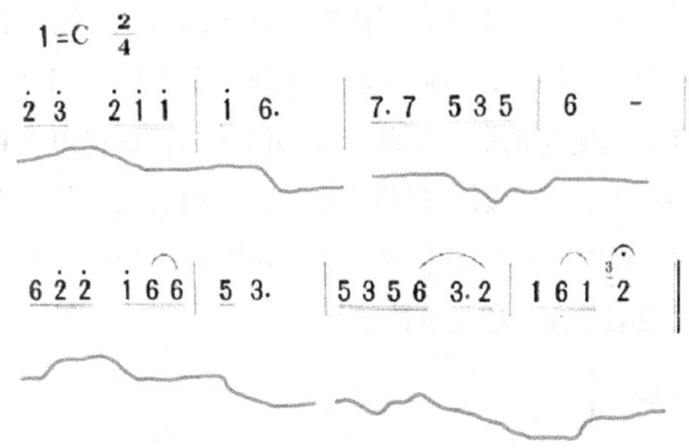

生：老师，我发现这段旋律的整体走向是下行，旋律的第一个音是高音“2”，最后一个音是中音“2”。

师：你真会发现！老师想告诉你们，在这里作者运用了我国民族五声调式中的商调式，表现出了柔和的色彩，你们还有什么发现吗？

生：我还发现每一句旋律的结束音都比起始音低。

师：同学们观察得很仔细！你们的这些发现又对音乐的情绪起到了怎样的作用呢？我们在演唱中再来感受一下。

生：我感受到了音乐传递出了一种忧伤，好像是在诉说着什么愁苦的事情。

设计意图：让学生自己发现旋律的特点，有利于学生深入感知歌曲和体会歌曲表达的情感。

评析：音乐学习的过程就是音乐知识不断深入和细化的过程，旋律情感的体现就是音乐元素的组合呈现，让学生观察、发现旋律的进行特点有一定难度，但对于具有独立思考能力的五年级学生来说加以适当引导和铺垫是可以达到的，旋律特点的深入感知是对学生音乐学习和审美能力提升的必经过程。

3. 读一读歌词，感受歌词中传达的情绪

师：老师和你们的感受是一样的，你们知道吗？这段旋律是配有歌词的，下面请你们看着屏幕，听老师来读一读。

城墙上（的个）跑马，掉不回（那个）头。思想起（咱们）包头，（哎呦）我就眼儿抖。

4. 聆听、跟唱歌曲《城墙上跑马》，感受歌曲情绪

师：我们一起来看一张图片（出示图片），这就是歌词中提到的城墙，关于“城墙上跑马”的说法，来自我国内蒙古地区的绥远，刚才我们听到的旋律和歌词就是一首内蒙古民歌，名叫《城墙上跑马》，同学们可以想象一下：在这样窄窄的城墙上，跑马是不可能调转马头回来的，这也蕴含着更深一层的含义，表达着那些不得已离开家、背井离乡的人们内心的苦楚，下面就请同学们来聆听这首歌曲、跟唱歌曲一起来感受歌曲中悲伤的音乐情绪。

学生聆听、跟唱歌曲，感受歌曲情绪。

1=C 2/4

2 3 2 1 1 | 1 6· | 7.7 5 3 5 | 6 - |
城墙 上（的个）跑 马，摔 不 回（那个）头。

6 2 2 1 6 6 | 5 3· | 5 3 5 6 3·2 | 1 6 1 2 ‖
思想起（咱 们）包 头，（哎呦）我就 眼儿 抖。

设计意图：由歌曲的感知作为铺垫，再过渡到乐曲的欣赏从情感的理解和把握上会容易很多。

评析：《城墙上跑马》歌曲的感知教学是本节课必备教学环节，放在导入环节进行有利于学生快速进入乐曲背景和情境的感知，学生跟唱的环节和前面的旋律特点感知都是对于乐曲最有利的铺垫教学。

5. 思考：选择什么样的乐器来表达歌曲情绪更适合呢？

师：你们想过吗？这样略带悲伤的旋律，如果用乐器演奏，你想选择哪一件乐器呢？

生1：我记得在三年级时认识过二胡，我觉得它的音色适合表现这种深沉、忧郁的情感。

生2：我想选古筝，因为它音色优美，音域宽广，表现力丰富。

设计意图：引导学生从歌曲的情绪上选择合适的乐器，引发学生对音乐更深入的思考，培养学生的思考能力和检查学生对乐器知识的掌握。

评析：乐器和人声的音乐表达在本质上是有内在联系的，让学生从音乐情绪和乐器的音色深入思考其中内在的联系，可以帮助学生建立更好的音乐感知和思考能力。

（二）聆听乐曲第一乐段——离故乡

1. 聆听乐曲的演奏乐器，了解作者及创作背景

师：同学们对音乐都有着自己独到的见解，我这里也有一个乐器演奏的版本，请你们听一听这是什么乐器？

生：这是由小提琴演奏的。

师：是的，这是我国著名的小提琴演奏家、作曲家、音乐教育家马思聪先生根据内蒙古民歌《城墙上跑马》创作而成的小提琴独奏曲《思乡曲》，当旋律从小提琴弓弦的摩擦中流溢而出时，相信每一个人都会被它优美连贯、如诉如泣的音色所感动，小提琴悠长明亮的音色仿佛如人声一样如歌、如诉，我们刚才听的小提琴演奏的旋律就是《思乡曲》的主题旋律。

2. 聆听乐曲主题旋律，说说有什么发现？

师：下面请同学们来欣赏乐曲的第一乐段主题旋律，请你们对照着谱例仔细听（出示主题旋律），它演奏了几遍？你有什么感受呢？

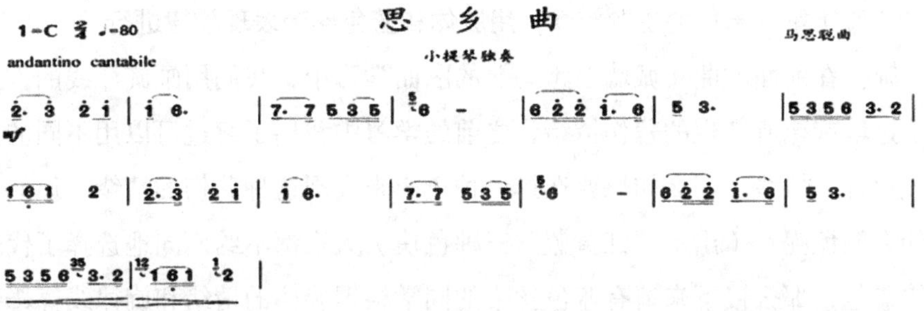

思乡曲

1=C $\frac{4}{4}$ ♩=80
andantino cantabile

小提琴独奏

马思聪曲

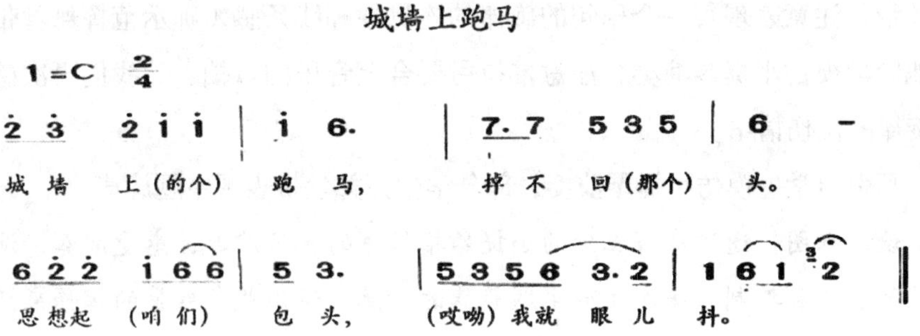

2· 3 2 1 | 1 6· | 7· 7 5 3 5 | 6 - | 6 2 2 1· 6 | 5 3· | 5 3 5 6 3· 2 |
1 6 1 2 | 2· 3 2 1 | 1 6· | 7· 7 5 3 5 | 6 - | 6 2 2 1· 6 | 5 3· |
5 3 5 6 3· 2 | 1 6 1 2 |

城墙上跑马

1=C $\frac{2}{4}$

2 3 2 1 1 | 1 6· | 7· 7 5 3 5 | 6 - |
城墙上（的个）跑马，掉不回（那个）头。

6 2 2 1 6 6 | 5 3· | 5 3 5 6 3· 2 | 1 6 1 2 ‖
思想起（咱们）包头，（哎呦）我就眼儿抖。

生：我发现小提琴的演奏和歌曲的旋律基本上是相同的，而且还演奏了两遍，声音也很连贯，就像长长的思念。

师：是的，重复演奏的主题旋律悠长且忧伤，表达了离开故乡的人们深深的悲伤之情，如果给这一主题旋律起个名字，请根据歌曲的歌词和情绪来想一想。

生：这个主题旋律和《城墙上跑马》的旋律一样，是表达人们离开家乡的悲伤情感，我们是不是可以将这一乐段命名为“离故乡”呢？

师：是的，我觉得说得很有道理，大家觉得呢？（生答）马思聪先生在乐曲的一开始就呈现出了歌曲《城墙上跑马》的旋律，表达了自己内心的思乡感受，一开始就用这样悲伤的主题旋律也是奠定了这首歌曲的情绪基调，缠绵、惆怅的旋律让人肝肠寸断，充满了离愁的悲伤。

设计意图：通过歌曲旋律和乐曲主题旋律的观察和对比聆听，学生能快速感知乐曲的主题和对乐曲整体的情感把握奠定基础。

评析：因为导入部分的良好铺垫，这一环节的主题旋律聆听过渡自然、流畅，乐曲和歌曲的旋律呈现让学生一目了然感知乐曲主题旋律，此环节可以让学生一直在乐曲悲伤的情绪氛围中继续感知接下来变奏部分的进行。

3. 聆听第一乐段的主题旋律，用肢体和蓝色丝带表现旋律进行

师：在前面歌曲《城墙上跑马》的歌曲学习中，我们用画旋律线的方式感受了这段旋律所表现的悲伤情绪，之前的学习中我们了解过可以用不同的色彩来表示音乐情绪，那么如果要选择一种色彩来表现这种悲伤的情绪，你们会选择什么颜色呢？（出示“红黄蓝”三种色块）大家都不约而同地选择了代表忧郁的蓝色，那么接下来请有蓝色丝带的同学根据旋律的情绪和旋律线挥舞手中的丝带，注意表现每一个乐句的旋律的连贯性和线条感（师示范挥舞丝带），其他同学模仿小提琴演奏，注意推拉弓要合上音乐的节拍，让我们再次感受主题旋律的忧伤情绪。

师引导学生模仿小提琴演奏，部分学生挥舞丝带表现主题旋律。

设计意图：通过有节拍感的小提琴推拉弓的模仿演奏，感受演奏者演奏时情绪的表达和控制，深入体会主题旋律的情感，运用蓝色丝带的挥舞来感受表达起伏跌宕的旋律线条感。

评析：人类认知是感性到理性，奥尔夫音乐教育理念就是通过感觉（即视觉、听觉、触觉、嗅觉等），去协调、发展各方面的水平，让孩子主动参与到游戏活动中，去体验、去唱、去跳、去抒发与宣泄。所以，获得这个经验过程是人类学习的最主要途径，是培养情商最重要的手段，是奠定智力的基石。本环节用挥舞蓝色丝带深入感受主题旋律的旋律线，挥舞丝带柔软的线条感贴合缠绵悠长的主题旋律，让学生沉浸在旋律进行的情境中，通过参与体验来深化这一主题旋律的感知和记忆，小提琴的模仿演奏是对小提琴乐器音色和演奏姿势的深入感知和体验。

4. 聆听变奏一部分，感受变奏一旋律的情绪

师：主题演奏过后乐曲的情绪有变化吗？（学生聆听变奏一部分）

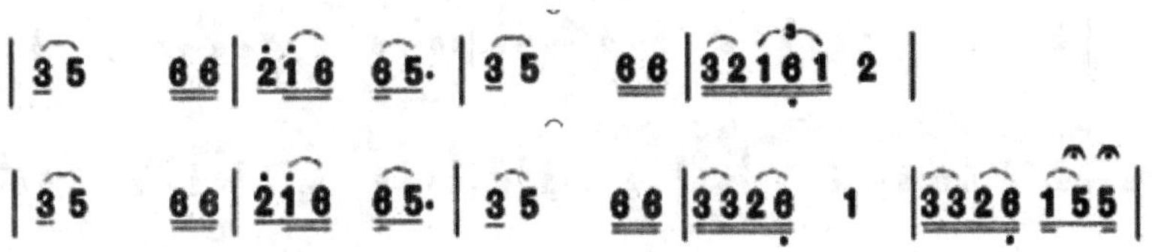

| 3 5 6 6 | 2 1 6 6 5· | 3 5 6 6 | 3 2 1 6 1 2 |

| 3 5 6 6 | 2 1 6 6 5· | 3 5 6 6 | 3 3 2 6 1 | 3 3 2 6 1 5 5 |

生：我感觉没有太大变化，跟之前的情绪一样。

师：是的，旋律延续了之前如歌的情绪，非常的缠绵，思乡的情绪更加浓厚了，部分音乐片段也与主题相似，只不过出现了切分的节奏，我们把这样的旋律进行叫作“变奏”，作者运用了变奏的音乐手法，深化了音乐主题的情绪，这是第一乐段的“变奏一”。

设计意图：通过观察谱例和聆听对比，了解“变奏”的音乐知识，感受变奏部分的情感和旋律进行特点。

评析：奥尔夫教学法不是一种固定的、封闭性的“条条框框”，它的整体内容和方法都鼓励和启发人们自己去创造和安排，他自身也在持续地吸收新的东西，持续地发展、前进。因而奥尔夫教育思想和教学法是充满开放性的、充满活力的。在本环节中“变奏”的音乐知识看起来为较深奥的乐理知识，但通过自然过渡的聆听讲解和发现，变奏一部分旋律简单，重复的相似旋律再通过谱例的呈现，学生很容易就能明白“变奏”的概念，也自然而然拉进了学生与乐曲间的距离，让学生的聆听变得顺畅自然，为接下来的继续深入聆听做了很好的衔接。

5. 聆听变奏二部分，随音乐划拍感受变奏二旋律的情绪

师：接下来让我们来听听变奏二，请你们对照谱例仔细听，情绪有变化吗？请你边听边随音乐划拍。

师引导学生聆听中划拍，注意速度和手势要准确、优美。

生：我感觉音变高了，音也变得明亮了。

师：是的，音变高了，情绪也高亢起来，就像思乡的人们迫切想要回到家乡的愿望，这一段表达了作者回忆起自己在故乡的温暖时光，随着音区的提升，乐曲的情绪也慢慢地进入了高潮。

2 5· 6 | 5 1· 7 6 | 2· 2 5 3 5
mf

6 2 | 2 5· 6 | 5 1 1 7 6 | 2· 2 5 3 5 | 6 6 7 6 2 | 6 6 7 6 2 | 2 5· 6

5 1· 7 6 | 2· 2 5 3 5 | 6 2 | 2 5· 6 | 5 1 1 7 6 | 2· 2 5 3 5 | 6 6 7 6 2

rit

6 6 7 6 2 | 6 2 6 2 | 6 2 6 2 1· 6 | 5 1 | 1 6 1 ♯1 3 3 | 7 7 3 7· 7 ‖

6. 再次聆听、感受变奏二的情绪

师：让我们再次聆听变奏二，将划拍变成挥手，就像和故乡的亲人在告别，当音区变高时，举高挥手来感受这一变奏的情绪。

师提示、引导学生用优美的肢体语言来表现乐曲，注意表现中要随音乐的节拍，有节拍、有律动地进行表演。

设计意图：从变奏一自然过渡到变奏二的旋律，通过谱例呈现和提示学生很容易聆听出音区的变化，用不同高度的挥手来表现，让学生更加关注旋律的进行特点和情绪的变化。

评析：变奏二部分音区的变化学生很容易听出来，运用体态律动同高度挥手的方式来表现旋律，形象地让学生感知音区变化后带来的不同情绪，也非常契合旋律的走向和情绪意境的表达，让学生在表演中自由发挥，表现出旋律的画面感，充分体现奥尔夫音乐教学中的参与性特点。

（三）聆听乐曲第二乐段

1. 聆听变奏三部分，说一说情绪和联想到的场景——忆故乡

师：接下来的这段请你听一听感受到了什么？情绪有怎样的变化呢？这样的音乐又能使你联想到怎样的场景？

生1：我觉得这段音乐听起来很欢快，情绪变得很开心了，没有了烦恼的感觉。

生2：我仿佛觉得可以从这段音乐中听到笑声，很温暖的感觉。

师：同学们的感觉很准确，这段音乐就是马思聪先生在回忆他在故乡最快乐、最温暖的童年时光。

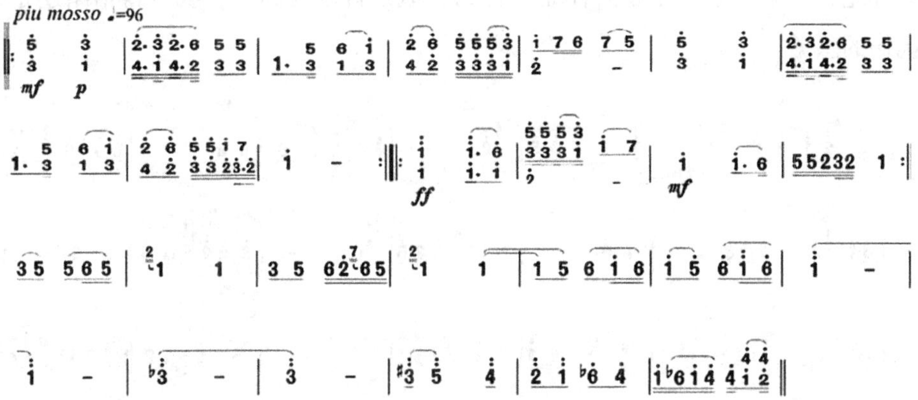

piu mosso ♩.=96

2. 再次聆听变奏三，用丝带和打击乐器表现变奏三

师：这段是乐曲的第二乐段，如果给这段音乐选择一个色彩来表现是什么颜色呢？（出示“红黄蓝”色块）这一次大家选择了明亮的黄色代表这一段轻松欢快的音乐，那么接下来请有黄色丝带的同学根据旋律的节拍和律动挥舞手中的丝带，可以自由发挥肢体语言来表演，但注意要表现出旋律的律动和情绪（师示范挥舞丝带）。有三角铁的同学，请你在每个乐句的第一拍敲1次，注意控制三角铁敲击的力度，声音要清脆、干净，接下来让我们再次走进这轻松、愉悦的音乐来感受变奏三的音乐情绪。

师生共同演绎变奏三部分，予以引导和提示。

师：同学们的表演很不错，这一段是表现了作者在回忆他故乡的温暖时光，那么如果给这一乐段取一个名字可以是什么呢？（学生回答：“忆故乡”）

设计意图： 变奏三部分情绪整体变得轻松、欢快，运用黄色丝带表现和之前的蓝色忧郁情绪形成对比，让学生鲜明感知到情绪的变化和不同乐段的情绪表达。

评析： 变奏三的情绪变化从听觉上学生很容易感知，让学生在第一乐段聆听的基础上，用奥尔夫音乐活动有画面感地表达出对于第二乐段不同情绪的感知，让学生真正走进音乐，培养学生深度的音乐赏析能力。

（四）聆听乐曲第三乐段（再现部分）——梦故乡

师：第二乐段聆听的结束，我们进入了乐曲的第三乐段，这段旋律你们熟悉吗？情绪又是怎样的？（学生聆听第三乐段）

生：和第一乐段主题旋律是一样的，但是音区变高了，我觉得情绪还是很忧伤的感觉。

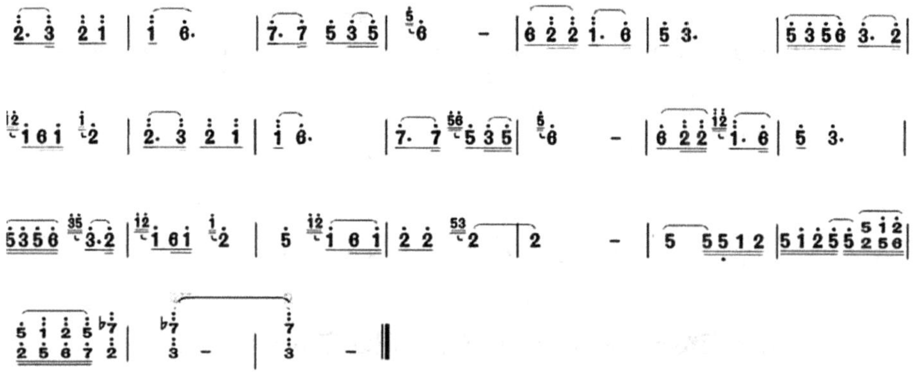

2· 3 2 1 | 1 6· | 7· 7 5 3 5 | 6 - | 6 2 2 1· 6 | 5 3· | 5 3 5 6 3· 2 |

1 6 1 2 | 2· 3 2 1 | 1 6· | 7· 7 5 3 5 | 6 - | 6 2 2 1· 6 | 5 3· |

5 3 5 6 3·2 | 1 6 1 2 | 5 1 6 1 | 2 2 2 | 2 - | 5 5 5 1 2 | 5 1 2 5 5 2 5 6 |

2 5 6 7 2 | 3 - | 3 - ‖

师：是的，第三乐段主题再现部分，当听到主题旋律在明亮的高音区再次出现时，再一次让我们深深地感受到了作者内心剪不断理还乱的思乡情和流落他乡有家难回的凄楚，故乡是回不去的故乡，就这样只有一次次在梦中与它相见，这一段我们就叫它“梦故乡”。《思乡曲》既是马思聪先生的成名之作，他是第一个将民族音乐创作手法运用到小提琴的作曲家，也是他用毕生演奏的经典之作，每当他拉起思乡曲，都是在表达着对祖国和家乡的无限眷恋与思念。

设计意图： 直接进入第三乐段主题再现的聆听，让学生感受主题再现时小提琴不同音区、音色带来的不同情绪。

评析：第三乐段主题再现的再一次奏响，是乐曲情绪的再一次升华和强调，让学生安静聆听这一主题再现，在聆听中再次感受情绪的升华和重复，体会这浓浓的思乡情绪，在聆听中继续深化主题旋律和情绪。

（五）完整聆听、表现全曲

师：这首乐曲已经聆听结束，大家一起来回忆一下它的曲式结构是怎样的呢？（根据学生回答出示作品曲式结构图）

生：首先是主题，然后是变奏1、变奏2、变奏3，最后是主题再现部分。

师：同学们都非常清晰和准确地记住了这首乐曲的结构，说明在聆听过程中非常认真，那么接下来请大家完整地聆听乐曲，并且用刚才我们做过的音乐活动一起来参与表演，注意每一个部分要认真聆听音乐，控制自己的肢体和乐器的音量。

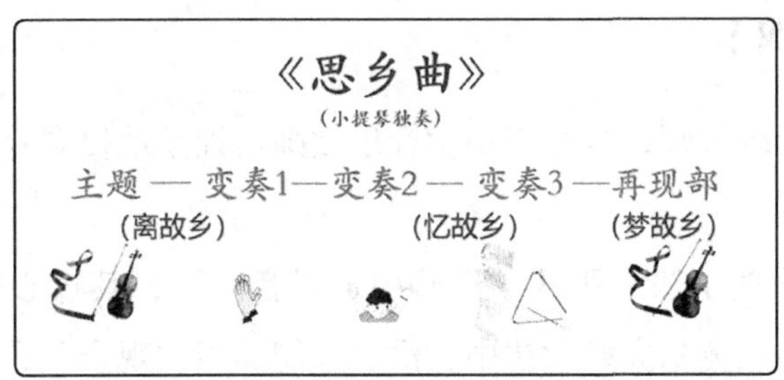

学生完整聆听乐曲，用肢体语言和丝带、三角铁参与乐曲表演，师予以提示和引导。

师：《思乡曲》是马思聪于1937年所写《内蒙组曲》（又名《绥远组曲》）中的第二首，我国很多的小提琴演奏家都曾经演奏过这首经典曲目，下面就请同学们来欣赏由我国著名小提琴演奏家吕思清先生演奏的《思乡曲》，让我们在音乐中与马思聪先生隔空体味那份浓浓的思乡情怀。

学生欣赏吕思清小提琴演奏《思乡曲》视频。

设计意图：完整聆听演奏全曲，完整感知乐曲的曲式结构和情绪，观看小提琴演奏视频，视听感受演奏家声情并茂的演绎，培养学生对小提琴的认知和深度感知。

评析：奥尔夫音乐教学关注对孩子内心世界的开发，学生会全身心地投入到音乐世界中来，用肢体、语言、乐器自由地演绎，以独特的方式抒发内心世界。当音乐成为孩子自身的需求，孩子对乐理、乐感、表演、演奏以及语言文化的掌握自然轻松快速，而且根深蒂固。完整演绎乐曲和视听结合观看演奏视频也是本节课的必备环节，最后的视频观看，让学生静下来完整聆听，既加深了乐曲的印象，又是一次对于音乐审美能力的提升和巩固，培养学生良好的音乐赏析能力。

（六）小结

师：同学们，你们是祖国的未来和希望，无论将来你们取得多大的成就，无论你走到天涯海角，请不要忘记家乡，忘记我们的祖国，让《思乡曲》的旋律常常在你的脑海中响起。

（学生随《思乡曲》旋律走出教室）

【名师点评】

朱守琼：高级教师，合肥市小学音乐教师培训基地授课专家，合肥市学科带头人。

奥尔夫音乐教学法主张从“经验中学习音乐”，其核心在于“经验”与“探索”，因此在奥尔夫教学法中，没有人能够当“观众”，所有人都是“参与者”。激发参与者的想象力，邀请学习者沉浸在音乐中，发掘潜在的音乐细胞与创作才能，收获成就感与满足感，完成自我享受式学习。郑倩老师执教的小提琴独奏曲《思乡曲》于小学五年级学生来说，从思乡情感的理解上较困难，所以通过内蒙古民歌的感知、体验，逐步铺垫到乐曲的思乡情感体验，然后再通过奥尔夫音乐活动设计和打击乐器的参与，音乐活动做到人人参与和进行沉浸式音乐学习以及沉浸式思乡情感体验，将感性的情感体验融入理性的乐曲聆听和学习中，层层递进式地展开思乡的三个情感感知“离故乡”—“忆故乡”—“梦故乡”，充分感受作者对于故乡深厚的情感，培养学生良好的爱国主义情操。因为沉浸式的音乐活动设计才能让学生静心聆听乐曲，通过丰富的音乐活动不仅让学生感受乐曲中深厚的民族情感和缠绵起伏的旋律，还培养了学生对于音乐欣赏课良好聆听习惯的培养，从理解、体验、参与中真正参与音乐学习，从而获得音乐学习的快乐。

授课教师简介

郑 倩

高级教师，教龄19年，合肥市南门小学海恒分校音乐教师，合肥市小学音乐教师培训基地授课专家，合肥市骨干教师，合经区音乐学科带头人，合经区小学音乐兼职教研员。2003年参加工作，曾获区级“教坛新星”、区级优秀教师称号。她带领的合唱团曾连续五年获合经区中小学合唱比赛一等奖、连续五年获合肥市中小学合唱比赛一等奖。曾获合肥市音乐教师基本功比赛一等奖、器乐特长特等奖；合肥市中小学教师信息技术应用教学大练兵评比一等奖；合肥市音乐教师优质课评比二等奖。

《小河淌水》教学实录与评析

合肥市幸福路小学　张雨娜

【课型】

音乐欣赏课

【教学内容】

管弦乐
人音版小学音乐六年级上册第二单元《悠扬民歌》
第一课时《小河淌水》

【教材分析】

管弦乐《小河淌水》是作曲家鲍元恺的管弦乐作品《炎黄风情》第二组曲《云岭素描》中的第一首乐曲。以云南民歌《小河淌水》的歌词所提供的时间“月夜”，空间“山下小河旁”为背景，用弦乐高音区的模糊音响模拟朦胧月夜，用钢琴、竖琴、钢片琴的叮咚音响模拟小河流水。在这样的背景下，甜美的英国管和明亮的长笛先后演奏出这柔美动人的旋律。当旋律转为全体弦乐齐奏时，以放慢一倍的同一旋律热烈应和，把乐曲推向高潮，给人以余音袅袅，声犹在耳的回味。

【学情分析】

这首作品教学对象是小学六年级学生，总体来说，这个年龄段的孩子在课堂上能积极参与各种演唱活动，并能对老师的要求做出恰当的反应。在音乐欣赏方面能对所听乐曲做出简单的分析，有较强的音乐创造能力。对乐器分类有所了解，对西洋乐器中的弦乐器和长笛比较熟悉，但是对作品中出现的双簧管可能较为陌生。因此，双簧管的音色听辨可能会感觉比较困难，在对思念情绪的感受、音色对比听辨、律动表演等环节的教学中需要教师引导学生参与实践，并作悉心指导。本课的内容虽然是一节欣赏课，但优美动听的旋律使学生们依旧保持着演唱的积极性，作为教师可以鼓励学生大胆听唱，感受音乐的美感。也有一部分学生正处在变声期，对此教师要做好发声练习，多引导孩子多去感受音乐的情绪和美感。

【教学目标】

1. 通过聆听感受英国管、长笛、弦乐等乐器表现不同的意境，学生通过体态律动、声势律动、说故事等多种音乐实践活动，激发学生对民族乐曲的喜爱之情。

2. 通过学习并演唱《小河淌水》前两句，熟悉乐曲的主题旋律，感受乐曲细腻、含蓄、深情的特征。

3. 通过体验不同版本的《小河淌水》，感受管弦乐和声乐作品在表达方式上的各自特点，加深学生对云南山歌的印象。

【教学重点】

听辨三段主题音乐主奏乐器双簧管、长笛和弦乐的音色，以多种音乐实践活动表达三段主题音乐的情感意境。

【教学难点】

通过体验不同版本的《小河淌水》，感受管弦乐和声乐作品在表达方式上的各自特点，加深对云南山歌的印象。

【教学时间】

一课时

【教学准备】

PPT课件、钢琴、丝巾、粉笔、黑板

【教学过程】

（一）情境创设

1. 游戏导入

（1）奥尔夫教学法声势律动：节奏训练

咚 哒咚咚 哒（咚拍桌子；哒拍手）

师：同学们好，欢迎来到张老师的音乐课堂，上课前我们先来活动一下，请大家伸出手，跟着老师一起来做一个节奏游戏。

（2）奥尔夫教学法声势律动：配合着《小河淌水》歌曲感受主题旋律

月亮	出来亮	汪汪	亮	汪	汪
咚	哒咚咚	哒	咚	哒咚咚	哒

同学们完成得真棒，现在我要加大难度，加入一点音乐来做这段节奏游戏。

2. 奥尔夫教学法调性练习：情景练声

师：今天，我要给你们讲一个关于月亮的故事，你听：

（1）师范唱

1 1 2 3 6 | 5 – |

看 月亮 爬上 来

（2）生模仿演唱

（3）连续升半音演唱

师：老师唱的声音力度是不是不一样，你们也来试试，请你们带着微笑轻轻唱，想象着月亮爬上来的情景。

设计意图：首先利用一个奥尔夫教学法声势律动节奏练习的小游戏导入到课堂中，让学生在拍打节奏中熟悉主题音乐，然后通过奥尔夫教学法调性练习，“看月亮爬上来”优美的情境和音乐中训练歌唱的气息，做发声练习，为接下来的欣赏和歌唱学习做好准备。

评析：导入部分轻松的奥尔夫教学法声势律动，节奏游戏，拍手、敲桌子可以让学生很快地进入到宽松愉悦的课堂氛围当中来，在学生掌握了节奏游戏之后，紧接着渗透《小河淌水》的主题音乐，让学生在音乐中继续去体验节奏游戏。同时加深了他们对主题音乐节奏和旋律有一个更深刻的印象。紧接着的这段发声练习“看月亮爬上来”是选自张杰的一首流行歌曲，也是孩子们比较喜欢的旋律，通过这个旋律去带他们做发声练习。在这样一个节奏游戏的体验中去渗透本节课的内容，发声练习为后面学唱做铺垫，我觉得学生是比较容易接受的。

（二）熟悉并会演唱《小河淌水》主题音乐

1. 奥尔夫教学法故事欣赏：讲故事（主题音乐伴奏）

师：今天我要给大家讲的是一个真实的故事。1947年，作曲家尹宜公回到家乡云南采风。有一天晚上他隐约听到歌声，刚开始以为是幻觉， 可接下来每晚都能听到。终于有一天他忍不住寻着歌声走了出去。当他来到小河边发现一位年轻的姑娘在朦胧的月光下边抬头看着月亮边唱着歌，脸上还浮现着幸福的笑容。他被这歌声、美景迷住了，不忍心打扰她就悄悄离开了。

设计意图：教师先用一段真实的故事吸引学生，让学生沉浸在这段神秘故事之中，从而去感受音乐。

2. 师深情范唱

这天月亮已经高高地挂上了树梢，此时，月亮底下的阿花好像有心事。你们听，她深情的歌声在向我们诉说着什么？（师深情演唱）

师：这歌声向我们诉说着什么？

生：她的阿哥在深山中。

师：是的，她的阿哥在深山中，歌词里、歌声里都是她漫漫的思恋。

第二天尹先生问了村民，知道了那个姑娘叫阿花，每当她想念远方的阿哥时，常唱起这首歌，这是属于他俩的《小河淌水》。尹宜公当即收集谱写了这首歌（出示曲谱、图片）。请看这位就是青年时期的尹宜公先生，这是他收集整理的声乐作品《小河淌水》。因为这首歌是在云南的民间收集的，所以也被称作云南民歌。

设计意图：教师深情地范唱吸引学生，让学生沉浸在这段唯美的音乐故事之中，再次加深学生对《小河淌水》主旋律的印象。

3. 视唱歌谱

师：这段歌声发自内心，深情感人，我想邀请同学们来试一试这段优美的歌声好不好？

师范唱，生跟琴用lu 模唱，过程中提醒学生注意气息和轻声唱，第二遍填词试唱。

设计意图：教师深情地范唱先吸引学生，再用一段真实的故事打动学生，让学生沉浸在这段唯美的音乐与故事之中。再通过亲身学唱一段旋律，在不知不觉中就熟悉了《小河淌水》的主题音乐。

评析：教学中的第二个环节，熟悉并会演唱《小河淌水》的主题音乐，是为了后面去完整聆听管弦乐《小河淌水》做铺垫，只有熟悉了主题音乐的旋律后，才能更加准确地去听遍三段主题相同旋律所带来的不同感觉和变化。

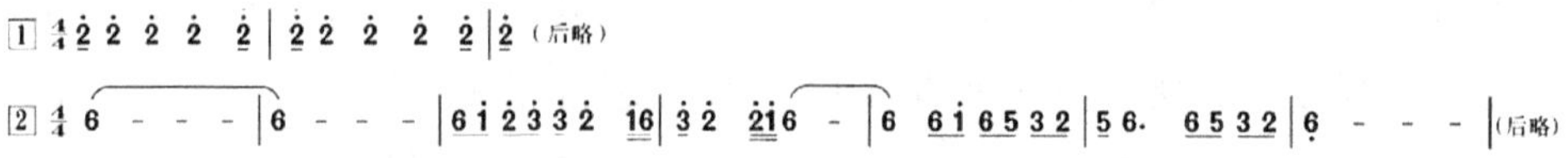

1 4/4 2 2 2 2 2 | 2 2 2 2 2 | 2（后略）

2 4/4 6 - - - | 6 - - - | 6 1 2 3 3 2 1 6 | 3 2 2 1 6 - | 6 6 1 6 5 3 2 | 5 6· 6 5 3 2 | 6 - - - |（后略）

（三）聆听管弦乐《小河淌水》

师：后来，这首歌曲被音乐家们改编成各种音乐版本。今天就让我们一同来欣赏管弦乐版本的《小河淌水》。

1. 聆听全曲

师：请你一边欣赏，一边思考：这段主题一共出现了几次？每出现一次你可以用手指的数字来告诉我，每次采用的主要演奏乐器是什么？（学生在教师的引导下感受三段音乐）

师：音乐久久不能平静，这就是阿花每晚思念的情景。在这段音乐里面，你们听到了主题音乐，一共出现了几次啊？（生回答：三次）师：是的，一共出现了三次，每一次的旋律是相同的，但所表达的情感和意境是不同的，让我们分别聆听这三段主题，感受不同乐器所带来的变化。

设计意图：教师先引导学生聆听全曲，感受乐曲的三段主题音乐表达的情感和意境的不同，引导学生分别聆听三段主题，感受不同乐器所带来的变化。

2. 聆听第一部分双簧管主题

（1）聆听双簧管演奏的片段，选择是木管乐器还是弓弦乐器？

师：那我们现在来回味一下，当音乐第一次出现的时候，这个乐器的声音给你留下了什么印象。

生：悠扬、伤感。

师：选择是木管乐器还是弓弦乐器？

生：木管乐器。

（2）认识并了解木管乐器，出示：大管、黑管、单簧管、萨克斯、双簧管、长笛。

（3）介绍英国管（中音双簧管）图片聆听音色，观看英国管演奏视频。

师：乐曲中出现的木管乐器是英国管，它也是双簧管的一种，它被称为中音双簧管，它们都是西洋乐器中的木管乐器，好，我们来看它们的吹嘴部分，是不一样的，对不对？这是英国管。英国管的吹嘴有一点弯曲，而双簧管的吹嘴是直的，那么下面的喇叭口的位置也是有一点点不一样的。现在让我们一起来欣赏英国管的演奏视频。

（4）体态律动：感受意境：感知体验中音双簧管带来的意境，用丝巾随旋律轻轻拉起放在面前，然后缓缓地举起放下。

师：英国管音色伤感、朦胧，银色的月光下，周围一片宁静，远处美丽的阿妹正缓缓走来，见景生情，把思恋托付给了月光，让我们一起用丝巾来感受这个静谧的夜晚，月光朦胧的样子。（丝巾模拟月光，将丝巾拉起放在面前，然后缓缓地举起放下）

设计意图：分段聆听感受乐曲的三段主题音乐，第一段音乐中通过出示大管、黑管、单簧管、萨克斯、双簧管、长笛等了解木管乐器，再通过对比认识英国管，观看演奏视频，感受英国管悠扬、伤感的音色，再通过奥尔夫教学法体态律动用丝巾随旋律轻轻拉起放在面前，然后缓缓地举起放下这种音乐实践活动加深对主题旋律的印象。

3. 聆听第二部分长笛主题

（1）聆听长笛演奏的片段，选择是木管乐器中的什么？

师：那我们现在来回味一下，当音乐第二次出现的时候，这个乐器的声音给你留下了什么印象。

生：清脆、明亮。

师：选择是木管乐器中的什么（萨克斯、黑管、长笛）？

生：长笛。

（2）介绍长笛图片聆听音色

师：乐曲中出现的木管乐器是长笛，它是现代管弦乐和室乐中主要的高音旋律乐器，音色清新、透彻，色调是冷的。高音活泼明丽，低音优美悦耳，广泛应用于管乐队、管弦乐队和军乐队。现在让我们一起来欣赏长笛的演奏视频，感受它所带来的情绪上的变化。

（3）观看长笛演奏视频

师：长笛演奏的这个片段，它的音乐情绪有什么变化？英国管的时候我们听起来有一丝丝忧伤，那么长笛带来的感觉呢？

生自由回答，长笛和双簧管所带来的不同的感受。

（4）体态律动，感受意境：感知体验中音长笛带来的意境，用丝巾随旋律轻轻舞动模拟水波荡漾的情景

师：长笛清脆、明亮，阿妹望着眼前美丽的景色，心中的凄苦慢慢释怀，山下小河不时发出潺潺的流水声，她将思恋寄托给流水，心中有了新的期盼。（丝巾模拟流水，将丝巾放在胸前，缓缓地随音乐摆动）

设计意图：第二段音乐通过与第一段音乐的比较，听出木管乐器——长笛，再通过观看演奏视频，感受长笛清脆、明亮的音色，用丝巾模拟流水，将丝巾放在胸前，缓缓地随音乐摆动这种音乐实践活动加深对这段主题旋律的印象。

4. 聆听第三部分管弦乐合奏主题

（1）聆听管弦乐合奏的片段，分享听到了哪些乐器？音乐有没有变化？

师：每个人对音乐的感受都是不一样的，有期盼的，有思念的，有更加思念的，或许有的人还觉得这可能是他们家人团聚在一起非常美好的快乐时光。那么，音乐当第三次出现的时候，有变化吗？有变化，请你拿出你的丝巾。请你根据第三段的音乐，男生模拟流水，女生模拟月光来感受。

奥尔夫教学法体态律动：生随着音乐摆动丝巾

从同学们的动作中，老师可以感受到第三段的音乐给了你们不同的感受，

那么请问第三段的这一段音乐里是只有一件乐器演奏吗？

生：不是。

师：那你们都听到了哪些？（生自由回答）

（2）观看管弦乐合奏视频

师：同学们听得真仔细，让我们一起观看视频，在视频中找找答案，感受音乐出现了什么变化？

生：音乐力度渐强了，管弦乐的合奏。

师：是的，第三部分中出现了弦乐器、管乐器，它们一起演奏，仿佛把我们拉进了阿花内心中那种波浪起伏的情绪中。

（3）体态律动，感受意境：感知体验中音管弦乐带来的意境，用歌声演唱和丝巾随旋律轻轻舞动模拟月色朦胧、流水潺潺的情景

师：这一遍让我们齐唱出主题旋律，男生用丝巾模拟流水，女生模拟月光来感受音乐。

设计意图：第三段音乐中通过与第一段、第二段音乐的比较，听出不止一种乐器，引导学生分辨出管弦乐合奏，在聆听第三段的音乐中感受情绪有没有变化，通过学生自由回答来激发他们对于欣赏课中分享不同的见解。再通过观看演奏视频感受阿花内心中那种波浪起伏的情绪，用奥尔夫教学法体态律动，歌声演唱和丝巾摆动合作的这种音乐实践活动表达第三段主题音乐的起伏，情绪的激烈，加深对这段主题旋律的印象。

5. 物体律动，利用摆动丝巾，聆听全曲，感受音乐

（1）分三部分聆听

第一部分：感知体验中音英国管带来的意境，用丝巾拉起放在面前，然后缓缓地举起放下模拟月色朦胧。

第二部分：感知体验中音长笛带来的意境，用丝巾随旋律轻轻舞动模拟水波荡漾的情景。

第三部分：感知体验中音管弦乐带来的意境，用歌声演唱表达阿妹的思恋；男生用丝巾拉起放在面前，然后缓缓地举起、放下，模拟月色朦胧。女生用丝巾随旋律轻轻舞动模拟水波荡漾的情景。

（2）观看现场演奏感受音乐家现场演奏，请你仔细感受三段主题，采用了

不同的乐器，所以表现的力度和内心情绪上的变化不同。

设计意图：通过之前的分段聆听，引导学生听辨出三段主题中不同乐器的演奏，了解了英国管、长笛和管弦乐合奏，通过摆动丝巾的实践活动感受了三段音乐情绪，为了加深学生的感知，加固他们对音乐整体性的这种感受。设计了再次完整聆听，并在每一段的主题中用音乐实践活动来表现音乐，不断地加深学生对这首音乐的理解与感受。

（3）介绍鲍元恺《炎黄风情》

师：那么，这首管弦乐版本的《小河淌水》选自我国著名的作曲家鲍元恺创作的一部大型管弦乐作品《炎黄风情》，下面我们来观看一段纪录片，看看作曲家对于这部作品的介绍。

（《炎黄风情》是由鲍元恺作曲，刘恒岳和肖嘉嘉监制的中国民歌主题的管弦乐曲专辑，由《燕赵故事》《云岭素描》《黄土悲欢》《巴蜀山歌》《江南雨丝》和《太行春秋》六个组曲组成，其中作品是用西方管弦乐演绎中国汉族民歌的艺术经典，听众将直面作者，了解这部诞生在传统文化断层时代却在世界各地久演不衰的音乐经典“中为洋用”的传播历程。《小河淌水》是组曲《云岭素描》中的第一首，该作品为抒情小曲。是一首“即景生情、情景交融”的云南情歌。被称为“东方小夜曲”）

设计意图：管弦乐版本的《小河淌水》选自我国著名的作曲家鲍元恺创作的一部大型管弦乐作品《炎黄风情》，了解作品必不可少的是了解他的背景，通过视频纪录片的形式让学生们直观地了解了这首“东方小夜曲”。

（4）体验与感受《小河淌水》的不同版本，欣赏独唱版本《小河淌水》

师：请你一边欣赏，一边感受一下云南山歌在音调、节奏、旋律上有哪些音乐特点。

设计意图：对比欣赏管弦乐版本与独唱版本，了解器乐与声乐不同的表现方式。体验器乐版本利用不同演奏乐器层层推进的表现手法。在宋祖英声情并茂的歌声中感受云南山歌独特的音乐魅力。细细品味和想象，更深入地去体验和感受《小河淌水》。

评析：第三部分是本节课的重点，这一部分首先是完整聆听音乐，然后分段地去聆听，在聆听的过程中去介绍每段主题的演奏乐器，通过分辨乐器，感受音色，观看演奏视频。和运用丝巾，这种音乐实践活动感受三段不同主题。

（四）拓展与表现

师：云南不仅风景秀美，也是我国少数民族最多的省份。唱歌是各个民族都喜爱的活动。云南的山歌以它嘹亮的音调、自由的节奏、无尽的深情打动了很多人！今天，我们在课堂上也来现场演绎一次，上演一幕课堂版《小河淌水》。

（1）练习

① 师：今天，我就是那云南姑娘阿花，伴随着一声轻柔的呼唤，我来到了河边。

② 接下来，是阿妹深情地呼唤阿哥，你听，她呼唤了阿哥几次？（生讨论结果得出三次）

师：这三遍呼唤应该呈现出一种什么样的变化？

生自由回答，师总结情绪不断变化，高涨。

（2）完整表演加上练声时的《看月亮爬上来》

师：（旁白）今晚的夜色真迷人，月亮也悄悄地爬上了树梢，月亮底下走来了一位姑娘，她深情地眺望着远方摆动丝巾，用歌声演绎三段主题音乐。

设计意图：通过老师与学生的合作，用自己的方式改编和演绎。利用创设的情境与音乐的自身魅力，再一次挖掘学生内心的情感，让他们陶醉在自己的表演之中。在合成表演时，加上《看月亮爬上来》作为表演的引子，让这节课首尾呼应。最后，拓展一段不同风格的改编，打开学生的思路，让《小河淌水》带来不一样的欢乐和激情！

（五）结语

这节课我们欣赏了云南有名的歌曲《小河淌水》，这首歌曲经过许多作曲家的改编有许多不同的版本，每一个版本都有它的特色所在，希望同学们在下课之后可以去欣赏多种版本的《小河淌水》，体会不同的版本所带给你们不同的感受和思考。

【名师点评】

王蓓蓓：高级教师，安徽省特级教师，合肥市小学音乐教师培训基地领衔名师、合肥市王蓓蓓小学音乐教育名师工作室领衔名师，合肥市音乐学科带头人。

本课中，张雨娜老师运用奥尔夫教学法中的声势律动、声势训练、体态律动欣赏音乐，声势训练对学生的节奏感、听辨能力、反应能力、记忆能力以及创造性能力都是一种非常好的培养方法。导入部分利用声势律动节奏练习的小游戏让学生在拍打节奏中熟悉主题音乐，然后通过奥尔夫教学法调性练习，培养了学生对C大调音阶的音高听辨，从而做发声练习，在《看月亮爬上来》优美的情境和旋律中训练歌唱的气息，为接下来的欣赏和歌唱学习做好准备。欣赏歌曲中运用了体态律动结合摆动丝巾感受音乐，让学生感受身体发出的节奏是音乐入门训练最重要的基础方法之一，用身体作为乐器，通过身体动作发出声响的一种手段，是人类宣泄、表现、交流情感最原始、最直接的方式。

授课教师简介

张雨娜

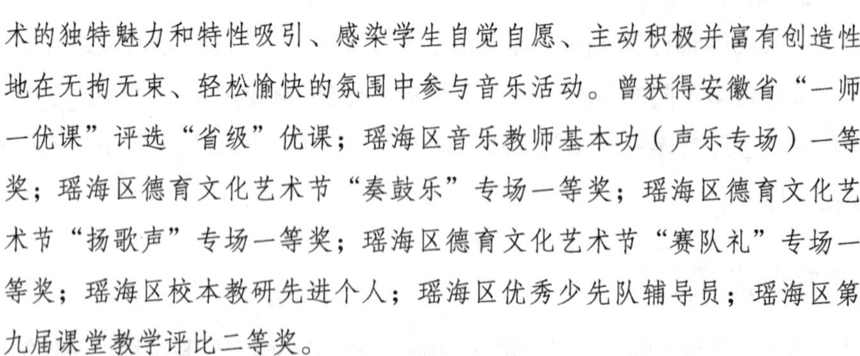

二级教师，教龄3年，合肥市幸福路小学音乐教师，合肥市初中音乐教师培训基地2020—2021学年学员，合肥市方玉婷小学音乐教育名师工作室成员。从教以来一直从事小学音乐教学工作，她始终以饱满的热情对待教学工作，利用音乐艺术的独特魅力和特性吸引、感染学生自觉自愿、主动积极并富有创造性地在无拘无束、轻松愉快的氛围中参与音乐活动。曾获得安徽省“一师一优课”评选“省级”优课；瑶海区音乐教师基本功（声乐专场）一等奖；瑶海区德育文化艺术节“奏鼓乐”专场一等奖；瑶海区德育文化艺术节“扬歌声”专场一等奖；瑶海区德育文化艺术节“赛队礼”专场一等奖；瑶海区校本教研先进个人；瑶海区优秀少先队辅导员；瑶海区第九届课堂教学评比二等奖。

第 三 篇

南腔北调乡韵声之
戏曲民歌篇

《打猪草》教学实录与评析

合肥市稻香村小学　张　薇

【课型】

音乐欣赏课

【教学内容】

黄梅戏改编器乐曲
人音版小学音乐五年级上册第三单元《农家乐》
第三课时《打猪草》

【教材分析】

器乐曲《打猪草》由黄梅戏《打猪草》选段“对花”的曲调改编，以《对花》前奏改编 A段，以《对花》第一、二段改编B、B'段，乐曲由“引子ABAB'尾声”组成。是一首由民族乐器与西洋乐器混合演奏的器乐曲。乐曲亲切朴实，旋律动听，以竹筒胡琴与三弦的对奏再现“对花”中的男女对唱情景，勾画出在打猪草时俏皮幽默的对话，惟妙惟肖。该曲汲取了传统黄梅戏音乐特点，加以特色的锣鼓伴奏，充分体现了戏曲特点。加以管弦乐的合奏，使传统音乐更加新颖、时尚，令人耳目一新。

【学情分析】

看教师的表演，再到学生模仿教师的表演；从观看《打猪草》到自己表演

《打猪草》；从感受《打猪草》到表现《打猪草》，让黄梅戏和器乐曲《打猪草》一步步慢慢贴近学生，让学生真正和黄梅戏及器乐曲《打猪草》零距离。小学五年级的学生，开始步入小学高段的学习阶段，对戏曲知识已经有过一些了解和认识，但对于黄梅戏的认知和了解仍需要老师精心地去开掘，需要老师架起学生和黄梅戏之间的桥梁，拉近学生和黄梅戏之间的距离，通过老师精心的教学设计让黄梅戏从陌生的舞台走到学生的身边。小学五年级的学生，已经具备了分辨乐器音色的能力，但是要了解作品中胡琴和三弦的音色是怎么表现《打猪草》里的两个人物形象，还是需要通过老师的引导和自己的探索才能做到的。另外，五年级的学生会开始在意其他同学对自己的看法和评价，有时候不敢勇于表现自己，因此，老师在课中要尽量和学生打成一片，共同去体验表现音乐。

【教学目标】

1. 聆听器乐曲《打猪草》，了解黄梅戏和《打猪草》所表现的故事。
2. 聆听器乐曲《打猪草》，体验分辨竹筒胡琴与三弦所表现的两个形象。
3. 通过学习，体会劳动的快乐，激发对民族音乐的热爱之情。

【教学重点】

通过学习，体会劳动的快乐，激发对民族音乐的热爱之情。

【教学难点】

1. 聆听器乐曲《打猪草》，了解黄梅戏和《打猪草》所表现的故事。
2. 聆听器乐曲《打猪草》，体验分辨竹筒胡琴与三弦所表现的两个形象。

【教学时间】

一课时

【教学准备】

希沃白板互动课件、钢琴、相关多媒体资料、锣、鼓 、双响筒 、木鱼 、

人物形象画帖、过关卡等

【教学过程】

（一）创设情境，闯关激趣

（1）一封来自古代的神秘信件，完成任务集过关卡，开启了音乐之旅

师：同学们大家好！今天有神秘的朋友给了我一封信，大家想不想知道信里写的是什么内容？（打开《一封来自古代的信》）

生：（一起朗读信的内容）合肥市稻香村小学的同学们，你们好！我们是来自一百多年前的朋友，在我们那个朝代，世代传承着劳动的光荣，我们的家乡安徽平时都用戏曲的方式来歌颂劳动，我们很想邀请你们穿越时光，一起体会劳动的快乐，学校传承家乡戏曲之美，想和我们一起表演吗？请跟随张老师的问题认真闯关，努力集齐十张过关卡。我们就能见面啦！

师：大家有没有信心闯关成功？

生：有！

师：让我们进入第一关。

设计意图：创设情境，引起学生好奇心，积极参与到课堂情境中来。

评析：用一封神秘的信件，激起学生的好奇心，信件里提出的劳动和戏曲，为之后的教学埋下伏笔，闯关卡的设置增加了学生的关注力和学习积极性，创设了一种玩中学、学中玩的积极的学习情境。

（2）闯关设置：看戏曲、演动作

师：大家仔细看老师的表演，看谁能够模仿出其中的戏曲动作？

（教师跟着音乐《对花》表演唱，做戏曲动作）

生：同学们做得真不错，可见大家都很认真地观看了老师的表演。

师：同学们，刚刚老师表演的是哪一种戏曲形式？

生：黄梅戏。

师：有谁可以介绍一下黄梅戏吗？

生：是我们安徽的戏曲。（很好听）

师：（黄梅戏简介）是的，黄梅戏起源于黄梅县，在安徽安庆地区发扬光大，唱腔细腻、活泼，深受人民群众的喜爱，它与越剧、京剧、评剧、豫剧并

称为中国五大戏种，可见黄梅戏在人们心中的地位了。你们刚刚听到看到的老师的表演，就是黄梅戏《打猪草》中的选段《对花》。

设计意图：通过老师的表演唱，进一步拉近学生与黄梅戏之间的距离。

评析：黄梅戏这一剧种虽然平时学生听过，但都没有过多的了解，尤其是戏曲的动作和唱腔都不熟悉，通过近距离观看老师的表演，进一步激发学生的兴趣，感受到黄梅戏的魅力，消除对戏曲的陌生感。

（3）聆听器乐曲中“主题B”，说一说有几个人物形象？

师：让我们一起来听听这段音乐中，你们能听出几个人物形象呢？

生：两个。

师：为什么呢？说说理由。

生：一个声音高，一个声音低。一个像男生，一个像女生。

师：大家的耳朵太灵敏啦！那如果让你用一个戏曲动作表现小男生，你该怎么表示？（剑指等）

师：如果用动作来表现小女生，又该用什么动作呢？（兰花指等）

（用一个戏曲动作表现人物）

师：同学们找的动作很准确，顺利过关，拿过关卡。接下来，我们一起来听听小男生和小女生之间的故事吧！

设计意图：重在培养学生欣赏能力，从整体聆听到局部，从粗听、到细听、到精听，层层发现音乐特点，重音乐性、重聆听，旨在引领学生学会如何欣赏作品、分析音乐。从学生熟悉的主题B《对花》开始学习，消除学生对器乐曲《打猪草》的陌生感。

评析：学生根据乐曲中设计的剑指和兰花指能够看出，这首乐曲共有2个人物形象，跟着音乐用相关的戏曲动作能够塑造出不同的形象。

（二）深入学习，激发想象

1. 初听

介绍黄梅戏《打猪草》的故事梗概：《打猪草》是安庆黄梅戏的小戏，也是黄梅戏的经典之作。说的是小姑娘陶金花去打猪草，无意间闯进了小伙子金小毛家的竹林，还弄断了几根嫩笋。小毛以为金花偷笋，两人吵了起来。经解释后，误会消除，小毛不仅把笋送给金花，还帮她提篮子送她回家。整个戏载歌载舞，具有浓郁的地方风味，其中的“郎对花，姐对花，一对对到田埂下”早已成了流行歌曲。器乐曲《打猪草》是徐景新根据黄梅戏《打猪草》中“对花”的曲调改编的。让我们来仔细听一听，这故事当中还有哪些是我们没有发现的？

2. 听乐曲 说劳动

略

3. 学习引子部分

陶金花出现，提着竹篮出门打猪草

劳动前应该做哪些准备：提竹篮、拿镰刀

师：同学们，陶金花要出门打猪草之前，要带哪些劳动工具呢？想一想。

生：斧头、镰刀、锄头、筐、绳子……

师：同学们考虑得真仔细，各种情况都料想到了。我们拿上竹筐和镰刀，一起出门打猪草吧！

师：我们一起用戏腔把劳动工具读出来：拿竹篮、拿镰刀、竹篮、镰刀、竹篮、镰刀，拿上工具之后我们要怎么样呢？

生：出门去。

师：对啦！要走出门去，我们以前的门跟现在的门可不一样，是有两扇门的，同学们能做出推门的动作吗？

生：左边推开门，右边再推开门。

师：是的，那让我们跟随着旋律来说一说，做一做吧！

师：大家在旋律中还能听到什么打击乐器的声音吗？

生：锣。

师：对，那下面我们全班同学分为两部分，一部分跟着旋律说拿劳动工具的词，一部分在锣出现的时候用（嘚才）表示锣的声音，最后一起做推门的动作。大家有没有信心做好？

生：有！

（用戏腔配词结合引子部分的旋律做劳动的动作）

设计意图：从生活出发，以劳动为落手点，让学生思考打猪草时要带的劳动工具，拉近了乐曲和学生之间的距离。

评析：结合语言、律动、动作等多个方面，来展示自己所听到的，从儿童本位出发，结合本地域的文化、戏曲甚至是方言，可以使我的课堂能够充分调动学生的积极性，学生们能够更好地参与到这一环节，同奥尔夫所说的“闻乐而动”的说法一致。

4. 主题A部分

聆听第一次主题A（金花出门）出现，你想到了什么情景？

师：恭喜大家过关，带着劳动工具出门啦！大家听一听，你们出门看到了哪些景色？

（出现旋律线条，创设情景，激发想象，看到想到了哪些情景？）

生：我看到了蝴蝶在翩翩起舞，我看到了绵延不绝的山峦，我看到了潺潺流淌的小溪流。

师：同学们仿佛身临其境，看到了这么多美丽的景色，那我们再来听一听，里面有你熟悉的乐器吗？请举手说一说。

生：小提琴。

师：是的，你的耳朵很灵敏，这里的旋律是由小提琴演奏出来的，所以这首乐曲里的乐器不仅仅有民族乐器，还有西洋乐器。接下来，就请同学们跟随着旋律线条的起伏，模仿出你看到的景色吧！

设计意图：通过聆听、感受，将乐曲的旋律线条具象化，激发学生的想象，每个人感受到的景色都不一样，组成一幅美丽风景画，并引导学生听乐器，指出西洋乐器小提琴的出现。

评析：通过使用奥尔夫教学法，我们能够有效地帮助孩子们提升他们对于音乐的记忆力以及理解力，并且以此为基础激发他们对于音乐的想象力。通过“金花出门”，我首先引导学生想象拿上了劳动工具出门时会看到什么样的景色，学生各种想象着看到了连绵起伏的山峦，看到了潺潺的流水，看到了飞舞的蝴蝶。那么就势而为，我们一起在想象中画一画旋律吧！在学生的手中，你可以是流水、是山峦、是蝴蝶、是花朵。

5. 主题B部分

初听（争吵）

师：大家听这个部分的音乐，有什么样的感受？

生：好像在对话一样，好像在争吵的感觉。

师：你能找到两个不同人物说话的部分吗？能不能分别用合适的动作把这两个人物形象表示出来？

生：做各种戏曲动作。

师：老师看了大家做的动作，挑选了两个比较典型的。陶金花我们就用兰花指来表示，金小毛我们就用剑指来表示。下面我们班的男生来表演金小毛的部分，女生来表演陶金花的部分。让我们一起跟着这一部分主题音乐做出相应的动作，会唱的同学也可以一起跟着哼唱起来。

做两种人物形象的戏曲动作。

师：同学们，这两个动作做得非常准确，这一段也是我们耳熟能详的《对花》选段，接下来，跟着老师的琴声，我们一起来认真地唱一唱吧！（跟琴学黄梅戏唱腔）

师：同学们唱得真好听，在这么好听的歌声里，我们继续来到下一关。

设计意图：通过戏曲动作，这在教学一开始的教师表演中就渗透了这一点，让学生能够根据人物形象的不同设计出不同的动作，结合一开始观看老师表演的戏曲动作，强调动作的戏曲感，进一步对戏曲有了认知。也进一步了解了乐曲中的人物。

评析：通过戏曲动作来了解乐曲中的人物，培养学习黄梅戏的兴趣，从戏曲唱腔和动作逐步渗透，再拉近学生与黄梅戏的距离。

6. 主题A的再现

听一听，这个部分和我们前面哪个主题一样的？在这么美的景色里他们还会争吵吗？引出主题B’部分。

师：这个主题部分是不是似曾相识，谁能听出来？

生：是金花出门的那段音乐。

师：对了，这样重复的音乐在音乐里叫作主题再现，它重复了主题A，就叫主题A的再现。

师：大家说，主题A的再现描述的是什么？

生：是美丽的风景，是潺潺的流水，是飞舞的蝴蝶，是连绵起伏的山峦。

师：是的，在这样美丽的景色中，大家觉得陶金花和金小毛还会再争吵吗？

生：不会。

师：我们接着来看看下一关吧！

设计意图：在学生熟悉主题A和主题A的再现的基础上，通过专注聆听，能够对乐曲的顺序有一定的掌握。

评析：通过使用奥尔夫教学法，我们能够有效地帮助孩子们提升他们对于音乐的记忆力以及理解力，并且以此为基础激发他们对于音乐的想象力。运用多媒体播放山中画面，出现旋律线条，蝴蝶随着线条在山间飞舞起伏，引发学生的想象力。

7. 第三关：听主题 说乐器

（1）看视频胡琴表演，对比聆听和乐曲中的竹筒胡琴区别

师：大家听听视频中的胡琴音色，再来听听我们乐曲中的，你觉得它们有区别吗？

生：有！一个声音高，一个声音低。

竹筒胡琴，泛指中国民族乐器中用竹筒做的二胡。说一说乐器音色适合表现哪个人物形象？为什么？

师：大家听辨得非常仔细，没错，乐曲中使用的乐器就叫作竹筒胡琴。大家说一说，竹筒胡琴适合表现哪一个人物呢？

生：陶金花。

师：为什么呢？

生：因为陶金花是小女生，声音比较高。

师：你从听到的乐器演奏中，能不能说一说，陶金花是个怎样的小女孩？

生：活泼聪明、可爱，伶牙俐齿……

师：同学们归纳得很准确，那么接下来，我们来听听，金小毛有话要对大家说啦！

（2）打开微课任务卡：三弦，又称“弦子”，我国传统弹拨乐器。柄很长，音箱方形，两面蒙皮，弦三根，侧抱于怀演奏。可以独奏、合奏或伴奏，普遍用于民族器乐、戏曲音乐和说唱音乐

师：看完微课，下面老师请大家分别来完成微课中的任务，首先，来介绍一下三弦这种乐器。

生：三弦，又称“弦子”，我国传统弹拨乐器。柄很长，音箱方形，两面蒙皮，弦三根。

师：三弦的演奏姿势是什么样的呢？

生：侧抱于怀演奏。可以独奏、合奏或伴奏。

（3）复听

听到竹筒胡琴和三弦分别用不同的演奏姿势来律动表现，并想一想哪种乐器代表陶金花，哪种乐器代表金小毛？为什么？

师：如果让你用三弦表现一个人物，你会选择谁？

生：金小毛。

师：来说说理由。

生：三弦的音色粗犷，适合表现男孩儿。

师：你觉得金小毛是个什么样的男孩儿？

生：憨厚老实，吵架吵不过金花，胸怀宽广……

师：小结（女孩，竹筒胡琴，音区高，发出的声音极富歌唱性，宛如人的歌声。男孩，三弦，音色粗犷、豪放）

板书：　陶金花　　金小毛

竹筒胡琴　　三弦

音色清脆　　音域较低（与竹筒胡琴比较）

伶牙俐齿　　憨厚老实

师：接下来，请大家聆听音乐，用演奏乐器的方式展示主题B。

生展示

师：同学们都是小小的演奏家。

（4）完整聆听主题B’音乐 和主题B有什么不一样？

师：仔细听这一段和主题B有什么不一样的呢？

生：主题B是竹筒胡琴先出现，主题B’是三弦先出现。

师：大家想象一下，为什么是这样？你能想出发生了什么吗？

生：吵架是陶金花先吵的，和好是金小毛先和好的。

想象场景主题B’再次出现，愉悦，两人相互谦让，金小毛原谅陶金花。

设计意图：通过胡琴和三弦音色的对比，让学生充分体验到乐器表现的音乐形象。

评析：通过前面环节的铺垫，引导学生大胆用自己设计的动作表现两个人物，进一步通过分析乐器音色，来了解两个人物的性格，对乐曲更进一步地理解。

（三）终极闯关：学习尾声

（1）聆听尾声部分，说一说还有哪些民族打击乐器

师：大家仔细聆听，陶金花和金小毛和好后，快快乐乐地回家啦！这部分乐曲你能听出有哪些民族打击乐器吗?

生：有锣、双响筒、木鱼等。

（2）请选择合适的民族打击乐器给尾声加上伴奏

师：我们试试看，请分组讨论，用合适的民族打击乐器给乐曲尾声加上伴奏。

（3）完整聆听音乐，表现引劳动前准备（引子）—金花出门（主题A）—与金小毛争吵的情景（主题B）—情景再现（主题A）—和好（主题B’）—回家（尾声）

师：大家用不同的民族打击乐器伴奏，让陶金花和金小毛回家的路途更加的欢乐。接下来我们就一起来完整的把这个故事表演一遍吧！

师引导学生聆听音乐，按照故事发展脉络，表演各个主题。

（四）拓展提升，综合表演

黄梅新唱，再创作

师：同学们表演得真完整，接下来出现了几条戏曲衬词和锣鼓经，请你们跟着老师读一遍，选择喜欢的唱一唱。

（1）学生选择自己喜欢的锣鼓经和黄梅衬词做rap，唱一唱。

师：同学们唱得有模有样，下面加大难度，老师来唱《对花》，请你们唱其中一条锣鼓经，我们一起来表演。

（2）师唱《对花》，生读锣鼓经，共同表演。

设计意图：把戏曲中的衬词、锣鼓经等元素搬到了拓展表演环节，使得同学们更进一步地学习这些戏曲元素，在和老师一起的表演唱中，感受参与表演的乐趣，真正做到和黄梅戏零距离。利用网络资源，把现代流行音乐和黄梅戏

的对唱呈现在学生面前，仿佛置身于故事的情境当中，身处安徽古镇三河，桥上站着演唱的演员。这对之后的教学进行了铺垫，同时还能够让他们对音乐的完整性有了一个整体把握，并激发学生热爱传统，爱家乡的感情。最后的视频，进一步地升华了本课的思想价值观，提出了劳动和中华传统文化需要大家一起努力传承和发扬。

评析：师生共同参与，投入表现器乐曲《打猪草》，让舞台上的黄梅戏和器乐曲《打猪草》走到学生的身边。即兴编创是奥尔夫音乐教学法中的重点之一。第一要说的就是它的乐器，其充分地体现出了“原本性音乐”特色，大多我们采用的教学方法是分组，重复简单的节奏型，不需要多高的演奏技巧，能被大多数孩子所接受。其不光能够被当作二声部的伴奏乐器，还能够激发学生通过身边能够发声的物件来制作乐器。我在《打猪草》里面用奥尔夫教学中的方法与民族打击乐器结合起来，例如木鱼、锣、鼓等。最后，还结合了京剧中的锣鼓经，让学生进行二声部的再创作，和经典黄梅戏演绎出新的韵味。

（五）结课

首尾呼应，写神秘信件的古代朋友出现

师：哇！给自己鼓鼓掌吧！同学们一路过关斩将，顺利拿到了过关卡，接下来，古代的朋友要出现了，我们一起来欣赏他们带给我们的表演吧！

（欣赏在安徽三河古镇拍摄的集吟诵、流行音乐和黄梅戏三种元素结合的视频音乐，进一步激发学生热爱家乡和民族音乐的兴趣，尝试大胆创新）

师：黄梅曲调在家乡的白墙灰瓦中飘荡，向我们诉说着做人的道理，希望同学们可以像爱家乡一样爱劳动爱戏曲传统文化，因为你们，五千年文化从未断流，流转心间！

【名师点评】

王蓓蓓：高级教师，安徽省特级教师，合肥市小学音乐教师培训基地领衔名师、合肥市王蓓蓓小学音乐教育名师工作室领衔名师，合肥市音乐学科带头人。

整节课围绕着神秘信件，闯关完成任务卡活动，学生的学习积极性被积极调动起来。从听戏曲演动作—听乐曲说劳动—听主题说乐器—尾声—乡音乡情源远流长，运用奥尔夫教学法中的律动，又结合了中国元素戏曲动作使之地方化，在听乐曲说劳动的部分运用了语言节奏这样的方式，循序渐进地感受乐曲。从这五个部分把学习任务分解，由浅入深地学习乐曲。刚开始，分男女角色扮演戏曲动作时，只是单纯的分男女生动作，后期磨课调整为陶金花和金小毛互相用戏曲动作打招呼，课堂效果又得到了提升，角色代入感也更强，学生能够身临其境，进入故事主线。由于是黄梅戏改编的器乐曲，我在教授的过程中聆听偏多，如果能再有效的多加入戏曲的唱腔，在学唱中感受黄梅戏的韵味，就更好了。

授课教师简介

张薇

一级教师，教龄14年，合肥市稻香村小学音乐教研组组长，学校少先队大队辅导员，合肥市王蓓蓓小学教育名师工作室成员，合肥市小学音乐骨干教师，蜀山区音乐骨干教师。曾参与市教科院课题《新课程背景下农村小学合唱教学的实践性研究》，安徽省电教馆课题《农村小学音乐课程演唱教学中微课的应用研究》，均以良好等次结题。论文《自育自学引领 做灵动音乐小主人》获安徽省论文评比二等奖，《小学音乐课堂合唱教学的有效性解析》获全国优秀教育教学论文一等奖，发表于CN刊物《中学生报 教研周刊》，合肥市信息化教学评比二等奖，全国基础教育音乐名师工作室联盟课堂教学录像课评比二等奖，全国新媒体新技术教学评比三等奖，多次获“一师一优课”市级优课。

《谁不说俺家乡好》教学实录与评析

——选自影片《红日》

合肥市红星路小学　王君蕊

【课型】

音乐欣赏课

【教学内容】

独唱
人音版小学音乐五年级上册第五单元《故乡》
第二课时《谁不说俺家乡好》

【教材分析】

歌曲《谁不说俺家乡好》选自第九册第五单元《故乡》，本单元题材紧紧围绕“故乡”。这首歌曲《谁不说俺家乡好》极具标志性，质朴典型，这是词曲家吕其明为电影《红日》所撰写，电影以解放抗日战争为历史背景。这首歌曲是由在硝烟泛滥的战斗中为人民解放军输送口粮的沂蒙山地区乡村女孩所唱，歌声优美流畅、激情爽朗，表现了军民一家亲的鱼水情，抒发了民众对美好生命的追求和对家乡的纵情赞颂。音乐构成为带再现二段体，用“民族唱法”来诠释。A段体用“一座座”“一枝朵”“一块片”“一阵阵”四组排偶句，展示了苍山升起、绿水环抱的自然风光。在长声的“哎”后便加入了第二段，其取材于第一段又比较于第一段，凸显“谁不说俺老家好”的主旨，在衬词“得儿哟依儿哟”中，词曲家更是利用了山东沂蒙山区域的当地戏——柳琴戏中的“舌音”，使曲子中产生了强烈的沂蒙精神与当地色调。接着又回归到了原来歌曲调性，并由第一段的前4个乐段再加以扩充发展而完成了整首歌，再从一个层面上凸显赞故土、爱家乡的强烈情感。

【学情分析】

五年级的学生们不但在对音乐的鉴赏能力、模唱能力等方面有了初步的体会、累积，和三、四年级的学生们相比较而言，更具备了沟通与思维的能力。所以，在本课程设计中增加了更多细化的要求，对音乐内容的聆听与表演上也予以了更具象化的提示和体现。提供了演唱、声音、表演等较专门的词汇并让学生感受与体会，更注重学生的练习主动性，并强化渗透声乐知识和技巧（调式、发音部位、词语归韵、身段、神态）等。学生们勇于发掘、乐意交流的良好习惯与教学能力积累，是促使这节课程成功进行、受欢迎的第一要素。

【教学目标】

1. 通过聆听学习民歌《谁不说俺家乡好》了解“一字多音”“拖腔”“舌音”等声乐特点。

2. 采用倾听、模拟、比较等体验方法，细入并了解分析民族唱法在唱腔、发音部位、音调、咬字等方面的特征，以凸显民族唱法的特色，提高民族荣誉感。

3. 通过对曲目的情绪、演唱、风格等方面进行分析感受，激发“赞家乡、爱家乡”的情感。

【教学重点】

感受歌词“一字多音”及句尾的“拖音”；衬词中山东地方戏的“舌音”；歌词语句的押韵感。

【教学难点】

民族唱法的韵味和在高位置发音；音乐意境的深刻感受。

【教学时间】

一课时

【教学准备】

钢琴、多媒体等

【教学过程】

（一）导入新课

1. 聆听全曲，初步感受歌曲音乐情绪

师：今天老师又为大家带来了一段歌曲，请你们先听一听老师的歌曲里都演唱了什么景色呢？（播放歌曲伴奏，师演唱歌曲）

生：老师的歌声里唱到了青山、白云、梯田等景色。

随着学生们回答的“青山、白云、梯田、家乡”等答案逐步出示图片。

师：刚才同学们都说得非常仔细，而且老师刚才确实都唱到了“青山、白云、梯田、家乡”等景色。（PPT逐步出示图片）

设计意图：本课的导入教师演唱歌曲，让学生能用最专心的精神状态进入乐曲听取歌曲教学内容。巧妙运用了每个学生的回答并循序渐进地展示画面，终于拼成了一幅美丽的沂蒙风景画。对歌曲的最初音乐形象作了模糊体验，也为以后的进一步学习做好了铺垫。

2. 揭示课题

（1）看图片，我们美丽的家乡

师：请同学们看大屏幕，我们美丽的故乡青山绿水环绕，一片片梯田一层层绿，一阵阵歌声随风传，一轮红日冉冉升起。（大屏幕出示图片）

（2）齐读板书课题《谁不说俺家乡好》（板书课题）

师：今天我们就来学习这首很好听的歌曲《谁不说俺家乡好》（边说边板书课题），并请同学们和老师一起齐读课题《谁不说俺家乡好》。

评析：由于本节课所聆听的这首作品对于学生们来说可能比较陌生，为了吸引学生们的注意力，在导入时我就通过自己的演唱将学生的注意力吸引过来。同时大屏幕还用PPT展示优美家乡景色的图片来吸引学生，通过视听结合，让学生对本首作品产生兴趣。

（二）体验歌曲A乐段

1. 结合图谱，初步完整体验

师演唱A乐段，生完整体验

师：老师将演唱几个乐句，请你们仔细听一听，感受一下这几个乐句的旋律线就像什么？

生：好像连绵起伏的山峦一样。

师：那请同学们用手指来画一画旋律线，我唱一句你们跟一句。

生：跟着老师的演唱用手画旋律线。

师：演唱“一阵阵歌声随风传！”这是一首歌颂什么的歌曲？

生：这是一首歌颂、赞美家乡的歌曲。

师：同学们听得很仔细，回答得也很准确，这是一首歌颂、赞美家乡的歌曲。

设计意图：通过对旋律线的演绎与感受，在增强同学们对旋律的记忆的时候也暗示着，旋律线的特点就像山峦一般高高低低、旋转迂回，随后引出了歌词主旨“赞美家乡”！

评析：这首作品学生们并不熟悉，通过对歌曲A乐段的演唱让学生画旋律线，能够加深学生的印象，让学生对A乐段有一个整体的感知和理解。

2. 层层深入，探索歌词特点

师生合作，体验歌词

师：让我们双手叉腰，挺直后背，张大嘴巴，想象自己正站在高大的山巅上，然后学一学老师的“高位置”发声，并按照歌曲旋律来朗诵歌词，我读前一句，你接后一句。（高位置念歌词）

生：跟着老师一起高位置念歌词。

设计意图：在“高高的顶峰”情景中预示高位置的发音，为下一步的演唱歌曲打下基础。

评析：“歌唱发声的位置”，是指演唱中一种非常微妙的声音技术，它似乎看不见摸不到，但却实际存在于声音状态之中，或者说也是一种对声音的感觉。通过让学生跟着老师进行高位置读歌词感受高位置发声的状态，为下一步的演唱歌曲打下基础。

3. 探索A段歌词特点

（1）探索A段歌词特点之一：四个“一”

师：请你告诉老师，这段音乐的歌词有什么特点？

生：都是以“一”开头的。

师：同学们听的时候特别认真，这一段歌曲的歌词开始都是以“一”开头的，这四个“一”将家乡的什么事物都包含在其中了？

生：把家乡的“美”都包括在里面了。

师：同学们回答得非常好，老师给你们点赞！这四个“一”把家乡的“美”都唱出来了。

（2）探索A段歌词特点之二：一字多音

师：你们有没有发现，我们在读这段歌词的时候哪几字念得特别长？

生：“山”“绿”“风”。

师：“一座座青山紧相连”，“一片片梯田一层层绿”，“一阵阵歌声随风传”。分别演唱这几句歌词。

生：聆听这几句歌词，感受歌词特点。

师：这几个字有什么共同的特点呢？

生：一个字，但是上面有多个音。

师：是的，我们就把这个特点叫作“一字多音”，请同学们跟着我一起把这几个地方都唱一唱。（板书：一字多音）

生：跟着老师演唱，感受“山”“绿”“风”的歌词意境感。

师：提出不足之处，请同学们跟着音乐再次演唱。

生：跟着A段音乐再次演唱。

设计意图：通过紧接着上一步念歌词的体验来回忆旧知识点“一字多音”，并感受民族音乐韵律的动态美。

评析：这部分音乐是歌曲的A乐段，也是这节课中学生聆听到音乐的第一部分，通过复习以前的音乐知识“一字多音”，让学生感受体验民族音乐旋律的特点。我通过范唱、教唱让学生从声音特点上，演唱技巧上再次感受歌曲的特点。让学生通过感知参与音乐，再次加深对音乐的感受。

（3）探索A段歌词特点之三：歌词结尾的“拖音”

师：唱完后同学们觉得每一乐句的尾声有什么特点呢?

生：乐句的尾音都拖得很长。

师：由于同学们听得非常认真，所以我们将每一个乐句都像最后一个字唱得很长，称为“拖音”。“拖音”的地方请同学们跟着我的手势来读一读。我读前面两个字，你们接最后一个字。（板书：拖音）

生：跟着老师的手势读“拖音”。

师：接下来请同学们跟着旋律的走向读歌词，我用手势给大家提示。

生：跟着旋律的走向，按照老师手势的提示读歌词。

总结歌词特点。（中国汉字语言的韵律感、归韵）

师：同学们，就是因为我们中华传统汉字语言的声调讲究旋律感和对声调尾音的归韵，才使各个乐段的尾音都有一个动态的美。就像人们在诵读古诗文时一般，都会将最后一个音拖长。（板书：韵律感、归韵）

师：让我们再次感受拖音，来唱一唱歌曲。请大家轻声跟着歌曲音乐把A段唱一唱，身体可随着歌声起落轻轻摇摆，还要注意乐曲的优美和连贯!

生：跟着音乐轻声演唱A段，并做身体律动。

设计意图：先体会再练习，尾句的“拖音”在循序渐进中寻找规律、解决。突出了我国汉字语言的特色，感受汉字语言之美，增强民族荣誉感。在与前面环节遥相呼应的层层铺垫中，以情带音巩固了歌曲。

评析：通过让学生先找出尾句的共同点，让他们能体验“拖音”的特点。接着跟着老师的引导演唱“拖音”更深层次理解尾句特点。因为是五年级的学生了，我通过讲解中国汉字语言的韵律感和归韵，让他们感受我们中国汉字语言的美，提升他们的民族自豪感，同时也为下一步完整演唱歌曲打下铺垫。

4. 体验歌曲的主题句，介绍歌曲的唱法

（1）山东发言念歌名

师：你们美妙的歌声仿佛把我带到了沂蒙山美丽的景色之中。你们知道这首歌曲来自我国哪个地区吗?

生：北方。

生：东北。

生：……

师：这首歌出自中国山东省沂蒙山区，“哎，谁不说俺家乡好”，我刚才是用山东话读的这句歌词，你们觉得跟我们普通话有什么不同吗？

生：……

师：我们普通话中的“谁”字音是往上走的，山东话也是吗？

生：往下走的。

师：是的，唱“谁”这个字时应该按照方言下降的趋势，加一个下滑音，唱成so mi。

生：模仿演唱下滑音。

师：你们觉得山东人的脾气如何？和咱们安徽人相似吗？

生：不太一样，山东人性格比较直爽，豪放，乐观。

师：接下来老师来演唱这句“谁不说俺家乡好”，请你们听一听老师演唱的歌曲音调走向与本地方言的发音方向又有什么联系吗？

生：是一样的。

师：请同学们跟老师一起演唱这句歌词。

生：清唱“谁不说俺家乡好”。

（2）引出衬词、学习衬词发音“De”

（3）学习“衬词”

师：请同学们听老师这一句的演唱，“得儿哟依儿哟”，这句有意思吧！

生：很有意思。

师：我们常把这句话叫作“衬词”，在许多的中国民歌里都会有衬词，衬词一般没什么实际的含义，只是可以表示一定的感情，你们认为这里的衬词表示的是什么样的思想感情呢？（板书：衬词）

生：我觉得是赞美家乡的一种情感。

师：你说得太棒了，大家给他点掌声。故乡的风光确实很美丽，已经无法用一般的话语来表述，于是情不自禁地用这句衬词来表示对故乡的赞美之情。

（4）欣赏柳琴戏“舌音”

师：词曲作者在编写这首歌曲的时候大胆地使用了中国山东省沂蒙山区的

地方戏——柳琴戏中的舌声技法。（板书：舌音）

师：“舌音”是柳琴戏艺人的绝活，咱们一起来看看。（大屏幕播放视频）

生：观看柳琴戏视频。

（5）学习舌音“De”的发音

师：哇，视频里的演员太厉害了，你们想不想来学一学啊？

生：想！

师：我们一起来学一学“舌音”是怎么发音的？用舌尖轻轻支撑着上颌骨，然后轻轻发出“De”音。大家可以多练习几遍。

生：根据老师的指导练习“De”发音。

（6）师生合作接龙唱

师：接下来我们来个合作接龙唱，我唱前一句，你们接后一句。怎么样才能唱出韵味呢？老师给大家一个提示：山东人的性格直爽豪放，在演唱时把山东人的这种性格展示出来。

生：根据老师的提示，完成接龙唱。

师：你们学得可真像，仿佛再一次将我带入了美妙的沂蒙山。

设计意图：由老师通过方言读出歌名引出歌曲出自我国山东沂蒙山地区，接着通过衬词的演唱，让学生感受到歌曲的地方特点。多媒体录像的呈现更能引起学生的注意力，让学生对作品产生兴趣。

评析：这个教学环节是本课教学的重点之一，因此在这个环节上我设计由方言念歌名作为切入点，引出歌曲来自山东沂蒙地区。接着引出衬词，并带学生练习衬词的演唱，让学生真正体验参与到音乐中来。通过观看柳琴戏的视频，让学生更直观感受到“舌音”的技巧，并产生兴趣，直到后面学生学唱“舌音”，有很多同学学得非常认真，使他们对歌曲产生浓厚的兴趣，从而巧妙地解决了本课教学的重点。接着的师生合作能提高学生之间的协作意识，也充分调动了学生之间的主动和积极参与，这些方式特别有利于高年级的学生。在歌曲欣赏课中，学生最感兴趣的就是能够参与到歌曲活动中，如果光是单纯地听和唱，学生的学习兴致就不是很高了，这就要求老师要发掘各种表现形式。

5. 认真聆听全曲，并了解人声类型、民族唱法等

聆听任桂珍老师演唱版本《谁不说俺家乡好》

师：《谁不说俺家乡好》是由吕其明、杨庶正、肖培珩作词、作曲，任桂珍演唱的歌曲，亦是影片《红日》的插曲，作于1963年，后收录在任桂珍于1980年1月1日发行的专辑《中国民歌第二辑》中。2009年5月，该曲入围“中国共产党中央委员会宣传部推荐的100首爱国歌曲”。接下来我们一起来听听由任桂珍老师演唱的歌曲《谁不说俺家乡好》，请思考：歌曲的人声类型是什么？演唱方法是什么？

生：歌曲的人声类型是女声。

师：人声按音域的高低和音色的差异，可以分为女高音、女中音、女低音等等，这首歌曲由女高音演唱。（板书：女高音）

师：你们觉得这首歌曲的声音有哪些特色？演唱水平高不高？歌曲的调高不高？

生：声音很亮，很高亢，调也偏高。

师：你能说说这种唱法的名字吗？

生：民族唱法。

师：这首歌曲的唱法是民族唱法，民族唱法是指由中国各族人民按照自己的风俗习惯和爱好，创建并发扬自己民族演唱艺术的一种唱法。民族唱法包括中国的戏曲唱法、说唱唱法、民间歌曲唱法和民族新唱法四种。民族唱法的音色明亮、集中、穿透力强，发声的位置偏高。

6. 体验歌曲B乐段

（1）聆听分析

师：通过聆听乐曲的B段可以分为几个乐句？

生：两个。

师：第一乐句我们刚才是不是学过？那么第二乐句跟我们A乐段“四个一”中的哪一句像？

生：最后一句很像。

师：你们观察得很仔细。

（2）比一比

师：那请你们来找一找这两个乐句有什么相同之处或者不同点？

师：老师对这两句进行了比较，我们一起来唱一唱。（师弹琴）

生：第一句2小节，后一句3小节。

师：第二乐句在第一乐句的基础上做了旋律的扩大与发展，那么歌曲的高潮在哪段？

生：B段。

师：我想作曲家特意把AB两段结束句做了前后呼应的处理，也预示着这首歌曲将会长期传唱。

（3）唱一唱

师：接下来我们一起来唱一唱B乐段，注意休止处，换气，一字多音等。我们可以用手一边画旋律线，一边演唱歌曲，感受歌曲旋律的起伏。

生：演唱歌曲B乐段。

设计意图：通过聆听全曲，使学生对歌曲有一个更全面的印象，乐曲的创作背景以及作者、演唱者的介绍让学生在聆听的同时又获得了更多有关歌曲的知识。歌曲的演唱让学生感受不同乐段旋律的高低起伏以及情绪的对比变化。

评析：让学生主动地了解音乐以及歌词中的有关常识，我希望丰富学生的知识，使学生们更进一步地了解创作过程。在赏析音乐的同时我向学生们讲述了作品相关背景，以及作品创作背景等。紧接着我通过让学生聆听去区分人声类型以及演唱方法和乐段之间的区别，并欣赏任桂珍老师演唱的版本。通过表演使学生整体了解音乐作品的走向，并体会旋律的起伏变化。而在音乐表演中，让学生通过用手画旋律线辅助音乐的表演，可以体会到在不同乐段情绪发生的变化，音乐旋律也会有多少起伏。

7. 完整体验全曲

（1）全曲跟琴师生合作

师：老师很想与你们再次合作将所有歌词连起来完整唱一次，请你们观看大屏幕（大屏幕出示歌谱），蓝色部分由你们来唱，红色部分我们一起唱，没有标记的部分则由老师来唱。

生：跟着老师的钢琴伴奏，按照老师的要求进行演唱。

师：你们的声音和情绪都将我好像带回了美好的沂蒙山，我想如果有机会我一定要去那里旅行，去到沂蒙山区去看一看。

（2）欣赏彭丽媛老师演唱的视频

师：接下来，我们一起来完整欣赏由彭丽媛老师带来的演唱视频《谁不说俺家乡好》，彭丽媛老师可是一位非常了不起的歌唱家，她是我国第一位民族声乐的硕士研究生，她也是山东人。她的演唱、弹舌的处理很有山东味，特别是卷舌音的运用非常巧妙，请同学们在聆听时可以模仿一下。

生：认真观看，并模仿。

师：彭丽媛老师的口型、表情、表演身段都有哪些特征？

生：她的眼睛非常有神，看向远方，仿佛看到了家乡。

生：她的身板很正，看着非常有气魄！

师：这种表演身段很像中国的什么？

生：很像中国的戏曲表演身段。

师：你讲得很好，那老师就要请同学们一起来学一些我国传统戏曲的眼神和动作。我们女生都起立，男生就坐位子上，一起来学一学最后一句。

生：跟着老师一起学习戏曲的眼神、动作。

设计意图：利用与教师合作提高中小学生参加现代音乐教学实践教学活动的积极性，并充分调动学生。多媒体技术的运用，使得课堂教学形式更为丰富多彩。

评析：音乐欣赏教育是音乐教育最新课程标准中规定的一个重点教学内容，老师采用了音乐欣赏教学方法，就能够充分调动了学生掌握乐曲的主观积极性，进而提高了学习者的乐曲欣赏能力、乐曲感觉能力和对乐曲理解能力，在乐曲中得到了情感感受。利用师生分工与合作方式来展示教学作品，以此提高的协作能力，并调动学生的积极性。本环节中我还利用了多媒体教学课件展示，利用学生直接体验的教学方式，充分调动学生的学习兴趣与主观积极作用，进而培养学生的主体作用。

8. 课堂小结

师：民族的音乐就是世界的艺术。当祖国的民族歌手们站在全球各大音乐厅的舞台上表演时，通常都会引起国际友人的喜爱与热捧。我们的民族唱法，也被海外朋友们誉为“中国唱法”。作为中国人当我们的民族唱法如此流行时，在心里也感到由衷的欣慰与自豪。最后，让我们在《谁不说俺家乡好》的歌声里结束我们的音乐课。全体起立，同学们再见！

生：老师再见！

设计意图：最后的课堂小结也是课堂升华，让学生了解民族的就是世界的。身为中国人无论什么时候我们都要充满自豪，提升学生的民族自豪感。

评析：一节生动有趣的歌曲欣赏课，要求教师通过不同方法积极充分调动学生的积极性和创造力，使他们在轻松愉快的学习气氛中体会歌曲的情绪与情感。使学生们在快乐的环境中完成学习，以此培养学生的音乐鉴赏能力和表演技巧。

【名师点评】

朱守琼：高级教师，合肥市小学音乐教师培训基地授课专家，合肥市学科带头人。

奥尔夫教学法明确指出：“课堂教学的结果是不重要的，最重要的是整个教育过程。在教师给学生下达一种任务的时候，他如何做并不是最关键，而是尽可能让学生根据各自的实际情况、方法、意图去做。这样学生可以调动学习的主动性，并激发想象力和独创性。关键的是‘做’得怎么样，做得好不好无关紧要，他要是不去做，那便是教育的错误。”在本课教学中，王君蕊老师根据小学五年级学生的特点尽量让更多的学生都投入到音乐实践中去。高年级学生不爱动，不太爱参与音乐实践，王老师选择一些活动范围小，训练专注力的一些活动。比如带着他们用手画旋律线，师生合作高位置接龙歌词，这些活动都适合高年级学生的参与。还有后面的方言演唱，学生们也非常感兴趣，通过示范，让他们觉得方言演唱更有韵味，他们也愿意积极尝试方言的演唱。此外，王老师还带学生们练习舌音“De”的发音，这是他们以前没有接触过的音乐实践，他们就乐于参与其中。

授课教师简介

王君蕊

一级教师，教龄21年，合肥市红星路小学教师，校“小百灵”合唱团国际部校区分团辅导教师，合肥市小学音乐教师培训基地2019—2020学年学员，合肥市王蓓蓓小学音乐教育名师工作室成员，合肥市音乐骨干教师。曾被授予合肥市五一劳动奖章荣誉称号，合肥市优秀辅导员等荣誉称号。获央视“青歌赛”安徽赛区美声组银奖，合肥市音乐学科课堂评比一等奖，合肥市中小学音乐教师基本功大赛一等奖、声乐特等奖，合肥市第六届职工文化艺术节歌手大赛一等奖，庐阳区“教学能手”称号等。曾撰写多篇论文获奖。从踏上讲台的那天起，她就在青春的芳草地上编织着一个美丽的梦，那就是要做一名优秀的教师！多年来，她承担起学校的训练任务，她根据孩子的声音特点，以富有特色的童声训练为载体，孩子们的演唱水平得到了快速提升，在传知过程中达到育人的目的，她辛勤耕耘在教学这片沃野上，用爱心、耐心，更用慧心把梦想变成了现实。

《迎来春色换人间》教学实录与评析

——现代京剧《智取威虎山》选段

合肥市南门小学上派分校　王经伦

【课型】

音乐欣赏课

【教学内容】

人音版小学音乐五年级上册第七单元《冬雪》

第一课时《迎来春色换人间》现代京剧《智取威虎山》选段

【教材分析】

《打虎上山》又名《迎来春色换人间》，是现代京剧《智取威虎山》中杨子荣的主题唱段之一。它采用了管弦乐队伴奏，音色丰富，气势恢宏，唱段运用了京剧的多种板式，抒发了杨子荣乔装打扮、深入匪巢、消灭匪徒的豪情壮志。音乐首先以扩展而宽广的曲调描绘了茫茫林海、广阔雪原的壮丽景色，这个舒展的旋律在紧密的节奏伴奏下，表现了杨子荣挥鞭疾驰在茫茫雪原的情景。接着唱段转入“二黄导板”，杨子荣在乐队的伴奏下，以高亢嘹亮的声音紧拉慢唱，一句比一句高涨，一句比一句激越，唱出了主人公气冲霄汉的战斗豪情。这个唱段的中端音乐趋于规整，以中板速度，道出了杨子荣“愿红旗五洲四海齐招展，哪怕是火海刀山也扑上前”的坚定决心。唱段最后为“西皮快板”，1/4拍，音乐转为急速，气氛热烈紧张，具有强烈的战斗性，以不可遏止的趋势，生动有力地表现出杨子荣“捣匪巢定叫它地覆天翻”的英雄气概。

【学情分析】

五年级学生生活范围和认知领域进一步发展，体验、感受与探索创造的活动能力增强，但音乐欣赏课还是缺乏耐心的倾听，学生最喜欢律动与音乐活动，在这两方面表现非常好，乐谱知识的学习部分学生仍不是很感兴趣。因此在今后在学习中，应加强对这些学生的培养，利用生动活泼、富于艺术魅力的形式，鼓励他们参与到音乐活动中，以此来激发、培养、发展他们的兴趣。

【教学目标】

1. 通过学习现代京剧《智取威虎山》选段，弘扬民族文化。增强民族自豪感，爱祖国、爱家乡，树立积极向上，勇于挑战的奋斗精神。

2. 通过学习并模唱《迎来春色换人间》的前奏旋律，体会音乐要素与情感内容的变化，了解人物背景，学习京剧“二黄导板”的唱腔。

3. 利用“奥尔夫教学法”中“动”起来的原则，综合式、即兴式地学习并感知音乐特点，利用体态律动表现音乐，创作并学习简单的京剧动作，感受京腔京味。

【教学重点】

1. 利用多种方法带领学生感受浓浓的京腔京味。

2. 利用视频，更加直观地感受主角人物的飒爽英姿，并模仿。

3. 提高学生的民族自豪感，弘扬中华国粹，培养不怕困难，艰苦奋斗的革命精神。

【教学难点】

1. 用身体语言表现歌曲的引子部分旋律。

2. 正确的唱腔去学唱部分音乐片段。

3. 学几个经典的有趣的亮相动作，配合音乐演一演。

【教学时间】

一课时

【教学准备】

电子琴、多媒体

【教学过程】

（一）人物导入，完整聆听

1. 教师演唱现代京剧《智取威虎山》其中一唱段《甘洒热血写春秋》导入

初步感受京腔京韵的特点，剧中主人公杨子荣的简单介绍。哪位同学知道，老师用什么方式去演唱的呢？（设计意图：初步感受唱腔特点，利用关键词介绍故事背景，激发学习兴趣）

师：刚才演唱的是现代京剧《智取威虎山》中的唱段。在剧中，演唱这个唱段的人物叫——杨子荣。请看，（出示关键词和图片）他是我军的侦查排长，此时，正处于解放战争时期的东北地区，依然有土匪等残余势力逃入山中，占山为王，危害百姓。那么，我们的侦查排长杨子荣的任务就是化装成土匪，打入敌人内部，与解放军里应外合，将其一网打尽。

2. 完整欣赏作品，揭示课题

设计意图：学生有一个整体感知音乐的情绪与人物形象特点的过程。

师：今天，我们就来学习现代京剧《智取威虎山》中的一个选段——《迎来春色换人间》，也叫《打虎上山》，老师想问一问“打虎”打的是谁？“上山”是什么山？

生：“土匪”“威虎山”。

师：好，一起来听，只身一人的杨子荣，赶往威虎山的一路情景。（播放完整视频）等一会说说你的感受？（板书课题）

设计意图：明确本节课学习的具体内容。

生：是用京剧的方式演唱，冰天雪地。

师：看到这些场景，你觉得杨子荣是一个怎样的人物？

生：非常勇敢，眼神坚定。

师：大家都同意他的意见吗？看来咱们班的同学的观察力都很强！

3. 模仿杨子荣的英勇气质

师：跟着音乐前奏的锣鼓，老师先带大家一起来学一学京剧中的亮相动作。

（圆场步、按掌、眼神坚定）

师：现在和老师一起演一演他的飒爽英姿。跟音乐一起试一试。（播放前奏音乐）

师：京剧中，除了用动作可以展现人们的英姿飒爽，还能用什么体现意志的坚定？

生：眼神。

师：是的，坚定的眼神，也是舞台表现力的一种，下面，让我们用动作与眼神的交流，再来试一试。

设计意图：明确本节课学习的具体内容，更直观地将学生带入角色，为后面内容的学习做好铺垫。

评析：由于本节课所要欣赏的作品对于学生日常生活来说相对较远，难度较大。所以，从京剧唱腔感知和人物故事背景入手会更加吸引学生的注意力。像“打虎”和“上山”的课题介绍使学生能快速了解作品含义。借助人物剧照、模仿人物动作、树立英雄形象，会更好地帮助学生了解本剧特点，更好地进入到作品中去。

（二）欣赏《迎来春色换人间》引子部分

1. 听看视频片段（弦乐部分）

（1）听旋律，感受情绪

设问：你觉得表现了什么场景？音乐的速度怎么样？此时此刻的杨子荣心情是如何？

师：这一路上可谓是风雪交加、林海莽莽，从刚才的表情和动作中能看出我们必胜的决心，现在，我们一起来听听这段音乐的引子部分。你觉得音乐的速度怎么样？表现了什么场景？（播放音乐片段）

生：速度快，风雪很大。

师：此时此刻的杨子荣心情是如何？

生：非常急迫、快马加鞭地赶往威虎山。

（2）用动作表现音乐

师：对，马不停蹄，快马加鞭。

师：谁来用动作表演一下快马加鞭的场景？

师：好的，我们一起用这位同学的动作来和配合一下音乐。（生跟音乐模仿）

设计意图：正确把握音乐情绪，用身体语言感知音乐特点。

2. 听看视频片段（圆号部分）

聆听圆号部分音乐，模唱主题旋律。

师：继续听，这段用圆号宽广的音色来演奏的音乐表现了什么画面？你还能听到什么声音？（播放音乐片段）

生：无边无际的雪原，伴随着风声。

师：你真棒！这里确实有风的声音，圆号的音色描绘了无边无际的林海雪原，还伴随着风雪的声音，哪位同学愿意模仿一下风声和树木摇曳的样子？

师：谢谢你的表演，我们一起和他学一学。

师：这么美的旋律，老师想带大家唱一唱，（出示图谱）用电子琴带唱歌谱。（选择圆号音色）首先，我们来学习第一句歌谱，注意这里出现的十六分音符节奏非常有戏曲的韵味。

师：接下来，我们来学习后半句旋律，细心的同学观察到，后半段旋律在节奏上与前面是一样的，只是音高发生了变化，我们一起来学一学。

师：谢谢同学们的演唱，现在，让我们用“du”来模仿圆号的声音，唱一唱。

师：如果我们可以边唱边把“风雪交加”的场景也表现出来就更好了。

师：谢谢同学们的配合，现在，我们完整表演一下这段音乐。（前奏与引子部分音频播放）

设计意图：通过视听结合，感受圆号音色的宽广并模仿，发现音乐细节，身临其境地感知音乐结构。

评析：这部分音乐是《迎来春色换人间》开头的一个前奏与引子，主人公并未登场，意在烘托环境，同时也是这节课中学生需要重点欣赏的部分。奥尔夫认为：“表达思想和情绪，是人的本能欲望，通过语言、歌唱（含演奏）、舞蹈等形式自然地流露是人固有的能力。”音乐教育的首要任务就是不断启发这种能力。因此充分利用京剧的身段、肢体的表演、音色的模仿、旋律的模唱等手段来帮助学生感知音乐要素，理解音乐结构是一个较为有效的方式方法，能让学生快速融入场景，让学生成为学习的引导者和参与者，更加期待后面英雄人物的登场。

（三）欣赏《迎来春色换人间》唱段部分

1. 教师展示、唱段欣赏

（1）学唱一句“穿林海，跨雪原”

师：（跟着之前学生完整表演的音乐）此时，雪越下越大，越下越大，我们的英雄，出场了！

师：教师演唱——“穿林海，跨雪原，气冲霄汉”。同学们，杨子荣正是有了一股气冲霄汉的志气，让老百姓过上了幸福的生活，真的是——“迎来春色换人间”（京腔念白），一起学着老师的声音来念一念。

师：京剧十分讲究动作和眼神的交流，一招一式都充满着韵味，现在，老师想和大家一起完整地欣赏这段经典的唱腔。（播放视频）

师：唱京剧讲究：字、气、劲、味。（用京腔京味去代生读）字，代表着字正腔圆；气，告诉我们唱歌时要气沉丹田；劲，表示唱歌的声音要有力量；味，就是那长长的拖腔，要有韵味以及注意动作与眼神的交流。

师：现在，老师想带大家学习其中最经典的一段“二黄导板”的唱段，用电子琴带唱歌词（二胡音色）“穿林海、跨雪原”。（出示歌谱）

师：同学们觉得哪一句歌词时值最长？

生：“跨雪原”。

师：是的，如果我们给它加上动作会更有韵味，而且更能唱准这一句的时值。和老师一起学一学。

师：现在，谁来试一试，用自己方式演一演。

师：谢谢你的表演，我们一起向他学一学吧，全体起立。

设计意图：通过欣赏，让学生了解基本的京剧演唱技巧，并加以尝试。

评析：这部分音乐是《迎来春色换人间》主人公杨子荣的正式登场，教师并没有直接让学生观看视频，而是利用学生对于“引子”部分的表演完毕后，迅速化身杨子荣开始现场演唱，衔接紧凑，通过教师的亲身实践，更能加深学生对这段经典【二黄导板】唱腔的印象，同时也能更直观地感受京腔京韵的风采。教师通过让学生现场创作动作，体现了奥尔夫教学法中“一切从学生出发，通过亲身实践让学生主动学习”和“即兴性”的原则，让课程变得更有乐趣和意义。

（2）学唱一句“迎来春色换人间”

师：接下来请听，这段歌曲的前后速度有变化吗？哪一句最慢？（播放视频）

生：“迎来春色换人间”。

师：是的，这一句体现了杨子荣和老百姓的心声，老百姓看到了解放军就仿佛看到了春天，这里艺术家用了一个自由的“散板”处理，展现了军民浓浓的鱼水之情，我们从演员的眼神中也能看到希望，看到了美好的未来。

师：我们一起来学一学。用电子琴带唱歌词（二胡音色）“迎来春色换人间”。（出示歌谱）

师：现在，我们一起模仿一下剧中杨子荣的动作，再来唱一唱，注意这长长的拖腔。

师：哪位同学愿意模仿一下杨子荣此时的心情，边唱边用自己的方法来表演这一句旋律？

评析：这一句唱段点明了本课的课题，学生通过自身的表演更能体会到当时老百姓与解放军的深厚情谊和对美好生活的向往，理解课题“迎来春色换人间”的含义，感受到京剧中“散板”的演唱特点。

2. 结尾欣赏，情感升华

观看结尾视频

师：我们一起来听听最后的这段唱腔，想一想深入虎穴的杨子荣胆从何来？谁给他的胆量？（播放视频）

生：党。

师：为什么从刚才的演唱中能感受到杨子荣的勇敢？

生：音调变高、速度加快。

师：是的，随着演员的演唱速度突然变快，力度变强，表现出了壮志与雄心。所以歌词唱得好：他的壮志——生答：（撼山岳），他的雄心——生答：（震深渊）。

（四）总结下课

师：同学们，戏曲、京剧是我们中华民族的国粹。早已走进了我们的千家万户、走进了我们的身边，更走向了全世界。传承戏曲文化，弘扬民族精神，让我们的戏剧——迎来春色换人间。

师：同学们，下课。

评析：音乐课最后的课堂升华也同样重要。从京剧艺术到中国历史文化，这些都是值得我们中华儿女为之骄傲和自豪的，而让学生能有这样的民族自豪感，了解京剧，传承戏曲，以及对自身的文化有一个很正面深入的认识，也是我们所有老师的重要使命。而本书这节课的设计意图也是在于此。

【名师点评】

田梅：高级教师，合肥市第三批、第四批骨干教师；合肥市小学音乐教师培训基地授课专家；合肥市王蓓蓓小学音乐教育名师工作室成员。

奥尔夫教学法是一种将动作、舞蹈、语言紧密结合在一起的综合性音乐教育。通过孩子喜闻乐见的方式，如：舞蹈、故事、儿歌、游戏等方面，积极引导学生主动参与音乐学习。王经伦老师执教的这节课中，以传统京剧文化为背景，以故事发展、人物介绍为线索，吸引学生进入到当时的历史场景中，利用学生对于音乐要素的正确把握，选择相应的舞蹈动作如表演“骑马”“风雪交加”“亮相”等音乐环节，来表现音乐的结构特点，充分体现了奥尔夫音乐教学法的理念。奥尔夫教学法也十分重视课堂的“艺术性”，教师带领学生学习京剧动作为课堂切入点，紧扣教学目标，重视京剧中表演中动作与眼神的交流，符合学生的心理特点，形成戏曲课堂的整体艺术美。另外，“实践性”也是奥尔夫教学法必不可少的原则，孩子必须要通过自己的演唱、自己的创造，去亲身参与音乐活动，体验音乐的快乐，王老师在教学中积极引导学生大胆的模仿、创编，按照自己的想法去构想、实践，通过有代表性的旋律片段演唱以及学习正确的戏曲唱腔“字、气、劲、味”来体会浓浓的京剧特点，也在另一方面体现了奥尔夫教学法中“即兴性”的特点。

授课教师简介

王经伦

二级教师，教龄6年，合肥市南门小学上派分校音乐教师，合肥市小学音乐教师培训基地2020—2021学年学员，合肥市王蓓蓓小学音乐教育名师工作室成员，肥西县小学音乐兼职教研员，肥西云课堂小学音乐课程资源发开团队骨干成员。荣获肥西县师德先进个人，先进教研组称号；荣获合肥市小学音乐课堂教学评比二等奖；荣获合肥市音乐学科课堂教学案例评比二等奖；荣获合肥市小学音乐教师合唱与合唱指挥比赛优秀指导教师奖；指导学生荣获合肥市第十二届中小学文化艺术节声乐展演一等奖；荣获肥西县教职工歌咏比赛一等奖；编写的《梨园百戏》被评为肥西县优秀校本教材；撰写多篇教学论文于省级刊物发表。

《编花篮》教学实录与评析

合肥市红星路小学　王　芳

【课型】

演唱课

【教学内容】

河南民歌

人音版小学音乐五年级下册第六单元《百花园》

第三课时《编花篮》

【教学目标】

1. 学生通过聆听、体验、模仿民歌《编花篮》，感受河南民歌的风格与特点。

2. 学生通过学习《编花篮》，犹如置身于百花园中，运用奥尔夫的多种方式感应乐曲的节奏，享受音乐带给人们的温馨与快乐。

3. 学生通过奥尔夫的打击乐器快板、语词节奏和卡农的演唱形式，提高学习音乐的兴趣。

【教材分析】

《编花篮》是一首具有鲜明地方色彩的河南民歌，歌曲以“编花篮”为题，借物抒情。粗犷的气质和醇厚朴实的情感流露出人们对美好生活的执着追求。

歌曲采用由四个各为4小节的乐句组成的一段体结构。在以宫（do）、商（re）、角（mi）、徵（sol）、羽（la）五个音的基础上，还使用了变宫（si），构成了六声宫调式。这个音在曲中多次出现。虽属经过音性质但却使旋律显得非常的流畅和有新鲜感。其中“2171”及“5171”六度的大跳富有河南地方戏曲的音调和唱腔，这也使歌曲形成了具有浓郁的地方民歌的一个主要风格特点。全曲在节奏上包含了“X. X X X X X X X X X X X”各种由十六分音符组成的节奏型，与欢畅的旋律进行结合在一起使人感到欢乐、舒畅，充满着喜悦的心情。歌曲的结尾“哪哈咿呀咳”衬词的运用，尽情地抒发了人们对美好生活发自肺腑的赞美之情。

【学情分析】

五年级学生生活范围和认知领域进一步发展，体验、感受与探索创造的活动能力增强，学生最喜欢律动与音乐活动，乐谱知识的学习部分学生仍不是很感兴趣。学生情况有所差异，有的学生乐感较好，学习能力强，模仿能力好；有的学生表演时不活跃，性格内向，不敢表现自己。因此在学习中，应加强对学生的培养，利用生动活泼、富于艺术魅力的形式，鼓励他们参与到音乐活动中，以此来激发、培养、发展他们的兴趣。

【教学重点】

1. 通过聆听、合作、参与等多种实践活动不断感受歌曲旋律特点

2. 在歌唱实践中提高学生演唱能力。

【教学难点】

1. 能演唱出民歌的风格特点。

2. 能用卡农的演唱形式创编歌曲。

【教学时间】

一课时

【教学准备】

一体机、多媒体素材、钢琴、课件、快板

【教学过程】

（一）组织教学

1. 教师手打快板演唱安徽民歌《凤阳花鼓》，学生欣赏

师：同学们知道王老师手里拿的这是什么吗？请坐得最端正的小晨说。

生：王老师，这是快板。

师：对，这个小打击乐器就是快板。那又有谁知道我刚才演唱的是什么歌吗？它属于什么类型的歌曲？

生：这首歌的名字叫《凤阳花鼓》，它是一首民歌。

师：你可真是无所不知，回答得完全正确。民歌呀，指的是民族民间歌曲。是在民间世代广泛流传的歌曲，是最大众化的音乐形式，是大众口头创作的、并在流传中不断丰富着的集体智慧的结晶，具有很鲜明的民族特色和地方色彩。

设计意图：用动听的歌声和带有奥尔夫元素的快板节奏吸引孩子的眼睛，有助于激发学习歌曲的兴趣。模仿民歌唱腔可以吸引学生的注意力，以便更好地进行课堂教学。

评析：通过使用奥尔夫教学法，快板的加入不仅让学生感受到音乐的丰富多彩，还为歌曲最后的创编埋下伏笔，培养学生的创造能力。

2. 学生演唱民歌

师：上一节课，老师给同学们留了一项课后作业，请你们搜集一些喜欢的民歌，今天来分享一下，你们完成了么？

生：完成了。

师：各种形式都可以。会唱的可以唱两句；也可以介绍你搜集的民歌。现在谁愿意分享？

生：我了解到的有川东民歌《太阳出来喜洋洋》、东北民歌《回娘家》。

生：我会唱陕北民歌《南泥湾》（生唱）。

3. 揭示课题

师：同学们说得唱得都非常好，那么今天，王老师就带领大家一起走进民歌的世界，一起感受加入奥尔夫元素的民歌魅力，一起学习这首河南民歌《编花篮》吧！（师板书）

设计意图：鼓励学生大胆发言，用歌声表达情感，吸引注意力，提高全班同学学习歌曲的兴趣。

评析：通过老师的鼓励，学生敢说敢唱的表现，为后面的歌曲演唱和创编做了很好的铺垫，能更好地激起学生渴望学习民歌的急切心情。

（二）唱民歌

1. 初听歌曲，初步感受河南民歌的地方特色

师：在欣赏的时候，请同学们考虑这样几个问题：这首歌叫什么名字？你发现它的节奏、速度、情绪都有哪些特点？

生：《编花篮》，节奏比较紧凑，速度中速稍快，情绪欢快活泼、高兴。

设计意图：初步感受新歌的内容，调动学生学习的积极性。

评析：让学生们知道音乐是相通的，河南方言的语调与歌曲旋律完全可以结合起来。特点在于首音加重，有甩腔和拖腔。学生在聆听时进一步熟悉旋律，熟悉音乐，初步体会和感受音乐的意境。

2. 教师范唱

师：你们真会听音乐，那么老师也来演唱一遍，请大家再次感受这欢快、活泼的旋律。同时，也请同学再感受一下，你从歌词中听到了什么？

生：听到了“编个花篮上南山，南山上开满了红牡丹，三朵两朵就摘一篮，姑娘见了好喜欢”。

设计意图：用歌声吸引学生的注意力，提高学生学习音乐的兴趣。

评析：让学生带着问题聆听、感受音乐，有助于培养学生的感性思维，唤起他们参与的决心。

3. 语词节奏朗读歌词

师：这是一首色彩鲜明的河南民歌，这首歌曲调欢快、活泼，描写的是一群姑娘上山采牡丹的喜悦心情，就让我们带着这种心情来读一读歌词吧。请你们看一看，我在读歌词时加入了什么动作来拍稳定拍？

生：加入了拍手和拍肩。

师：是的，请大家跟随老师拍稳定拍读歌词，注意押韵和衬词。

师：大家互动得可真不错。看着同学们专注的眼神和灿烂的笑容，我也很开心。

设计意图：用拍手和拍肩打稳定拍，让读歌词更加的生动有趣。

评析：通过奥尔夫教学法稳定拍的使用，在这个环节加强了两拍子稳定拍和节奏感的训练，对学生的反应能力也是非常好的练习。这里需要注意鼓励反应较慢的学生，注意培养学生正确的节奏感。

4. 学唱歌曲

（1）引导学生用“la”演唱歌曲旋律

师：下面同学们一起随着老师的弹奏用“la”轻声模唱这首歌曲。听起来或许觉得好听，但唱起来可能还是有点难度，大家边哼唱边思考一下，哪些地方有点难度？

生：甩腔我总是做不好。

（2）解决歌曲中的难点——甩腔、首音加重等

师：同学们，老师示范一下“甩腔”的唱法。

（“首音加重”通过2/4拍强弱关系解决）

生：老师，我想试着唱一唱。

师：你太勇敢了，大家给他点掌声为他鼓鼓劲儿。

（3）教唱难点乐句，强调附点、倚音和下滑音

师：第一段第一小节的两个“编”是动词，要唱得有力度，唱出动感。

第二小节的编，要加上下滑音；“南山开满红牡丹”是写景，“朵朵花儿开得艳”是夸赞。

第十小节“开得艳”要抓住情感，表现非常自豪的情感。

“咳”甩腔的加入和最后一句“哪哈咿呀咳”表现了豪爽粗犷的个性，表达内心的喜悦。

听了王老师的解说，大家都清楚如何演唱了吗？

生：已经清楚了。

师：身体坐直，咱们来试一试吧！

（4）了解歌曲特色

师：哪位同学能找出歌曲中最具有地方特色的乐句？

生：最后两小节。

师：你的耳朵真灵敏。最有特色的是前两小节和最后两小节，它们带有河南方言的色彩，演唱时注意前倚音时值很短。

（5）学生跟琴用“lɑ”模唱

师：我看有的同学都已经迫不及待想唱起来，先别急，咱们跟琴用“lɑ”先模唱。

师钢琴伴奏，生模唱

生：（手指PPT大歌片），这个前倚音地方唱得不准确。

师：请你做一个示范。

生示范

师：很准确，请全班同学跟着他一起来一遍。

师：听着同学们准确的哼唱，我已经感受到了歌曲的韵味。（反复多遍）

（6）正确、完整地演唱歌曲

师：那让我们跟着琴声有感情完整地演唱一遍吧！

（7）学生加入简单的采花动作表演歌曲

师：五（3）班的同学们学习能力可真强，同学们，走进南山，你看到了满山的牡丹花，情不自禁地开始采摘起来，请大家模仿采花的动作。哼着小曲，试一试吧！

（生尝试哼唱旋律做动作）

师：全体起立，让我们跟着歌曲伴奏，一起来一遍吧！大家愿意接受挑战吗？

生：愿意！

（播放歌曲伴奏，学生表演唱）

设计意图：进一步熟悉新歌，了解歌曲中伴奏的节奏。引导学生的认知，提高学生对音乐的感悟能力。回答问题和动作的加入有助于学生理解歌曲的内容，引导学生走进音乐，感受音乐。

评析：营造了宽松、愉悦的课堂氛围，让学生在快乐的氛围中进行学习和互动，这样有利于学生对音乐的感受，让学生加入采花的动作进行表演唱，给学生足够的空间，让他们可以进行创造性的学习，真正达到玩中学，学中玩。

（三）拓展活动

1. 卡农的形式演唱《编花篮》

（1）欣赏视频

师：《编花篮》这首民歌有很多的演唱形式，加入奥尔夫元素的卡农版《编花篮》，现在我们就来欣赏一个片段，一起来感受一下卡农版的《编花篮》给我们带来怎样的体验吧！

（欣赏视频）

师：谁能来说说你的感受？想一想！

（2）谈一谈欣赏后的感受

生：改编成卡农的演唱形式后，歌曲仍然保留了河南民歌的风格特点，但多样的演唱形式使得歌曲更丰满，变奏的加入也使歌曲更有意思。

师：是的，卡农它并非曲名，而是一种形式，字面上意思是“轮唱”，原意为“规律”。指的是复调音乐的一种写作技法。一个声部的曲调自始至终追随着另一声部，数个声部的相同旋律依次出现，交叉进行，互相模仿，互相追逐和缠绕，而声部几乎是单调意义上的重复。直到最后的一个小结，它们会融合在一起，永不分离。缠绵的音乐，就像两个人生死追随。卡农版这么有趣，同学们想不想挑战一下，尝试一下？

生：想挑战，想尝试。

（3）师生配合，尝试卡农版《编花篮》片段

师：为你们敢于挑战的勇气鼓掌，老师也想加入你们，我们一起配合演唱，大家说好不好？

生：好！

（师生配合，共同表演）

设计意图：鼓励学生大胆尝试新型演唱形式，调动他们的主观能动性，从小培养学生对音乐的创造能力，用心去感受音乐，老师的加入，也进一步拉近了师生之间的距离，为配合唱奠定基础。

评析：卡农是奥尔夫教学法的一种，以卡农的形式带入，让学生感受全新

的演唱形式，大大提高了他们在课堂上的参与度。师生的配合唱，也让学生学会了合作，在合作中激发学生学习音乐的兴趣。

2. 豫剧赏析——欣赏豫剧《花木兰》选段

教师表演《花木兰》选段《谁说女子不如男》

师：同学们，河南的民歌这么好听，它的音乐文化也非常有名，还有著名的地方戏曲——豫剧。当年著名豫剧表演艺术家常香玉奶奶以及她的孙女小香玉都曾表演过豫剧《花木兰》，其中最著名的选段《谁说女子不如男》，我想很多同学可能都听过，老师也特别喜欢这个选段，接下来老师就来表演一段，希望同学们喜欢，也希望会唱的同学可以跟老师一起演唱。

师：谢谢同学们的掌声。

设计意图：运用不同的形式演唱歌曲，既起到巩固的目的，又突显出以学生的兴趣为主体的教育模式。

评析：学生根据教师的现场演唱，可以直观地感受到歌曲魅力，了解到不同人物的性格特点，对中国戏曲进一步地理解。同时也激发了他们探究音乐、创造音乐的想法。

（四）课后小结

师：同学们，今天我们通过学习好听的河南民歌《编花篮》，体会感受了河南民歌的风格特点，了解到民歌是劳动人民集体智慧的结晶，希望同学们能够热爱民歌。同时我们尝试了卡农版的《编花篮》，感受了音乐的不同魅力所在。最后，还对“豫剧”有了一些初浅的认识，希望同学们在课后多了解一些民歌和戏曲方面的知识，多了解一些奥尔夫音乐创编，在下一节课中，我们再进行一次深入的交流，让我们一起走进不一样的音乐文化。

设计意图：总结的话语充分体现了“玩中学，学中玩”的教育新理念，用轻松活跃的课堂气氛去感染学生，使学生获得学习的喜悦感。

【名师点评】

朱守琼：高级教师，合肥市小学音乐教师培训基地授课专家，合肥市学科带头人。

音乐新课程标准中提出，调动学生的主观能动性，要让学生在良好的氛围中学习音乐，更有利于学生对音乐的感受。王芳老师执教的这节《编花篮》，在奥尔夫音乐教学法理念的指导下，注重音乐本体，始终引导学生通过各种音乐实践活动“亲自参与”音乐，感知音乐，充分体现出奥尔夫的“音乐属于每一个人”的教育思想。实际上课中，王老师引导学生在读谱时加入拍手和拍肩，有节奏感地读，就像珍珠穿线，节奏就似那根线，把分散的节奏型有目的地加以组织，这样会让孩子们充满惊喜，充满兴趣，跟着拍子就能较容易地掌握歌词内容和歌曲节奏。在歌曲最后拓展环节，我带领学生们欣赏卡农版本的《编花篮》，这种内容加进来，不仅使学生感到丰富多彩、兴趣盎然，还可以加强两拍子稳定拍率和节奏感训练，有翻来覆去万变不离其宗之感。

授课教师简介

王 芳

一级教师，教龄16年，合肥市红星路小学音乐教师、特教班专职教师，庐州最美教师，合肥市小学音乐教师培训基地2019—2020学年学员，合肥市王蓓蓓小学音乐教育名师工作室成员，庐阳区优秀教师。她十六载初心不改，在普通小学的“特殊教育”岗位上精耕细作，成为近100名特殊儿童的学校母亲，成为家长们最亲密的朋友和教育指导者。她总会在充分了解每个独一无二的个体后，因材施教，用耐心与爱心教会特殊孩子汲取知识，体悟生活，收获成长。她始终以一名共产党员的身份严格地要求自己，始终保持着向上的温暖力量，载梦前行。除特教工作之外，仍执着自己的专业——音乐学科，曾荣获合肥市优质课大赛一等奖、二等奖，全国“新媒体新技术课堂教学展示”三等奖等。

《花非花》教学实录与评析

六安路小学中铁国际城校区　翁　丽

【课型】

唱歌课

【教学内容】

古诗词歌曲
人音版小学音乐 六年级下册 第一单元《古风新韵》
第一课时《花非花》

【教材分析】

《花非花》是我国音乐教育家、作曲家黄自创作的艺术歌曲中影响最广的一首歌曲，歌词取自唐朝诗人白居易的诗集《白氏长庆集》中《花非花》段。这是一首感伤诗，也是一首朦胧诗，以观看雾中的花来抒发一种感伤之情比喻世间的事物、人情是短暂的。诗中似说春梦，实际是对美好的事物与人情的追念和惋惜。

黄自创作的《花非花》歌曲采用四句体乐段结构，两小节为一句，旋律起伏，基本上是上句上行，下句下行。第一和第三乐句音调向上，是由两个乐节组成的句式。第二和第四乐句 的音调则向下，且比较连贯。词曲结合中较好地采用依字行腔，使歌曲犹如在吟诵，给人以无限的柔媚感。歌曲虽短小，却意境超脱、婉转优美，行板的速度更增加了词意的朦胧感和意象感。

【学情分析】

六年级下学期是小学生涯的最后一个阶段，这个时期的孩子随着生活范围和认知领域的不断扩展，体验感受与探索创造的活动能力也在不断增强。具备一定的音乐知识和技能，对音乐的感知、理解能力更加丰富，对抽象事物也会加以思考。小学课程中贯穿了学生对于古诗词及古诗词歌曲（教材中的《春晓》《咏鹅》《游子吟》《静夜思》）的学习，学生有一定基础。这首古诗词歌曲《花非花》唱时要求声音缓起缓落、婉转柔美，对演唱者气息控制要求较高。而且还要理解诗意，唱出诗词中朦胧、感伤、物是人非的感慨之情，这对六年级学生来说有难度，需要老师的恰当引导、提醒和示范。同时这个年龄段的孩子有部分进入了变声期，如果声带保护不好，声音容易沙哑，变声期时间长等，因此唱歌的时候要轻声，对于小字2组E及以上高音的歌曲我也进行适当移调，降低音高，避免学生高音喊唱。

【教学目标】

1. 用轻柔、连贯的声音演唱歌曲《花非花》，在吟诵诗词和演唱古诗词歌曲中，体会诗词韵律与音乐旋律之间的紧密关系，感受音乐中诗词所表现的意境。

2. 在吟诵、欣赏、演唱中，感知词曲之间的紧密关系，体验诗乐合一所表达的意境和情感，体会词的韵律、节奏与音乐的关系。

3. 通过古诗词歌曲的学习感受中华民族的经典，拓宽文化视野，提高人文素养，在学习中传承中华民族文化。

【教学重点】

1. 能用轻柔、连贯的声音表现歌曲。

2. 在音乐学习中传承中华民族文化。

【教学难点】

感知体验古诗歌曲中词曲之间的紧密联系

【教学时间】

一课时

【教学用具】

多媒体、钢琴、纱巾

【教学过程】

（一）组织教学

1. 师生问好歌

教师弹琴用轻柔的歌声向学生问好，引导学生用轻柔的歌声回应。

2. 师弹一段旋律并用柯尔文手势辅助

师：同学们，仔细听，仔细看，试着唱出来。

生：看、听、唱。

师：嘘！轻声唱，不要太大声，注意长音的保持，看我的动作提示呼吸。

3. 生看教师手势循环唱，师唱《花非花》歌声加入，师生合作

设计意图：这段旋律此时来唱，一是当作一条调整歌唱状态（轻声、缓吸缓呼）的练声曲；二是为后面歌曲二声部的演唱做个铺垫；三是教师歌声的加入，自然地引出今天的新课《花非花》。

评析：奥尔夫教学法中的多声部训练，通过语言、声势、律动、节奏、音条乐器等活动进行，多声音乐对挖掘儿童的乐感和培养创作能力有很高的教育价值，可以培养群体合作、处理人际、多声部音乐的理解参与能力等。但我国的单旋律思维与西方和声化思维有着明显不同，更强调旋律的横向进行、旋律的精致，而忽视纵向的声响和声化思维欠缺。在面向全体学生的学校音乐课上，简单的二声部学习非常有必要，但奥尔夫教学法中的多声部教学案例及方法不能生搬硬套，要根据学情循序渐进尝试。如学生负责的声部要容易唱、容易记，教师用柯尔文手势和琴弹奏进行音准方面的辅助，在学生基本唱熟的基础上，教师歌声悄悄加入，同时弹奏学生演唱的旋律，让学生聆听感受两条旋律的进行，音乐更加丰富表现。这是为一般基础或没有声部学习基础的班级设计的，如果是从低年级一开始就有和声音程听觉训练的班级，在学唱旋律的次数上根据学生掌握程度进行调整，旋律音准、节奏的复杂程度以及声部的各方面均衡、不同位置的声部进入难度都会有所增加。

奥尔夫音乐教学的重要原则之一：具体进度要根据学习对象的接受能力，以及学生上课时精神集中的情况、情绪好坏来掌握，切不可只按预定教学方案硬教，适度地简化和增减都是允许的。这个教学环节的多声部体验效果已达成，学生在琴声、柯尔文手势辅助下轻柔发声、保持气息、看手势呼吸，与教师的《花非花》歌声形成符合歌曲意境的二声部声响。

（二）新课教学

师：刚才我们进行了一次二声部合作，我唱的是一首根据唐代诗人白居易的词创作的歌曲。这首词取自白居易《白氏长庆集》中的《花非花》，这节课让我们一起在歌声中来品味诗词的美妙意境。

1. 初读诗词，理解诗义

（1）教师简介作者及作品背景

师：《花非花》是唐代诗人白居易所写的一首杂言古诗，诗取前三字“花非花”为词牌名。诗共有六句，前四句为三言，后两句为七言。

（2）出示诗词，师生品读

师：读后你觉得这首诗想表达的是什么？说说你的理解。

生1：说到像花又不是花，像雾又不是雾。

生2：晚上来，早上时消失，非常短暂。

师：同学们说得非常好！从字面意思来看“花非花，雾非雾”，像花而不是花，似雾而不是雾，“夜半来，天明去”，半夜时分到来，天亮之后离去。来时仿佛是短暂而美好的春梦，去时又好似朝云散尽无处寻觅。但实际是诗人用“花”“雾”“春梦”“云彩”这一连串的比喻来表达美好事物的短暂易逝，难持长久，抒发惋惜和追念之情。

设计意图：了解诗作者及背景，诵读、分析诗词，表面看这些和音乐关系不大，实则更好地理解古诗词所表达的含义、意境，为更充分准确、表现和演唱歌曲，所谓是磨刀不误砍柴工。

评析：课标中弘扬民族文化的理念，通过研究教材、深度挖掘教材内容。

古诗词与音乐紧密相连，它的意境美、形象美，往往通过语言的韵律美传达出来。在奥尔夫的教材中，他将语言引入到音乐教学中去，与动作、音乐结合的语言，成为奥尔夫原本性音乐教育的一个最重要的特征和组成部分。语言进入音乐教育无疑为孩子们进一步熟悉、了解本土、本民族文化做了准备，使民族文化的继承从教育上得到了保障。

2. 多遍聆听，加深感受

（1）初听歌曲

师：当古诗词中的意境用音乐用歌声来表现时，又会带给我们怎样的感受呢？

生：音乐速度较慢，“忧伤”。

师：有同学说感受到了“朦胧”“忧伤”，还有“思念”，音乐速度较慢！

（2）复听歌曲

师：音乐除了聆听感受，还可以借助一些道具将情感表现出来，请拿起座位下的纱巾，你们觉得怎样使用纱巾，可以表达这首音乐带给你的感受？

生随音乐用纱巾自由尝试

师：我看到同学们的动作都比较轻柔，有轻轻舞动纱巾的，还有轻轻将纱巾向前甩去又慢慢拉回的，为什么大家都会采用这样力度的动作呢？

生：音乐非常抒情，适合用轻柔的动作。

师：是的，这首歌曲表达的是很含蓄的情感，内在而有控制的，那歌曲音乐情绪的表达与这首诗词有关系吗？

生：有。

设计意图：半透明的纱巾很适合表现诗歌中的朦胧和梦幻的感觉，纱的轻柔可表现音乐情感上的细腻、含蓄与不舍。

评析：用动作化为音乐的“化身”，学生随乐舞动纱巾，把心中对音乐的感受，通过身体的动作、手中的纱巾表现出来，将音乐的高低、走向、速度、节奏、音量、音质、音色、情绪、风格、乐句、曲式结构等，用身体“演奏”出来。

奥尔夫强调“原本性音乐”乃是熔音乐、动作、舞蹈、语言为一炉。在中国古代的“乐”的教育中，如西周的宫廷音乐教育，也是通过乐舞的教习而得到应用的，音乐是人的本能、本性的反映及其产物，它直接、感性。音乐感受中用动作或舞蹈可以培养听者敏锐的听力、注意力、反应能力，它是人在听到音乐后通过动作自觉反应出来的，是“身体化”对“音乐”的外化。这种对听的音响即兴做出身体动作的反应，促进了学生自我表现和创作的欲望，是培养创造力最简单效果又最好的教学方法，创造力的培养也是奥尔夫教学法中重要的一项内容。

（3）吟诵诗词，体会诗韵之美

师：古人读诗词采用吟诵的方式，这样最接近诗文的原貌。吟似唱非唱，诵带有一点读的感觉。吟诵讲究平仄，与字音最贴近，依字行腔。

师：请看歌谱根据诗中每个字的声调，适当地放慢速度、延长韵母来吟诵。

生：在教师指导下有感情吟诵《花非花》。

（4）聆听比较，体会词曲音调的紧密结合

师：吟诵讲究依字行腔，根据诗词创作的曲调会怎样？它们之间有联系吗？请同学们吟诵一句词，我哼唱一句旋律，仔细听、对照词的声调和旋律的音调。

师生讨论总结：词的声调和旋律音调有相似之处，作曲家是在词的声调基础上进行旋律音调的创作。

（5）再听歌曲

师：词曲的结合如此巧妙，让我们再来聆听一遍歌曲，请边听边用纱巾画旋律线，感受旋律的起伏、线条走向。

设计意图：学生通过吟诵感受古诗词，更好地理解古诗词中的意境，为后面歌曲的学习和演唱打下基础。通过实践发现诗词韵律与旋律音调之间的密切关系，了解古诗词歌曲旋律创作的由来。同时古诗词歌曲旋律的走向起伏除了吟唱、听的方式感受外，还巧用了道具纱巾用动作来表现和感受。

评析：中国古诗词中讲究“随调则韵”“随律押韵”，说明了诗词中用韵与乐曲的“律”“调”密切相关。古诗词的诗韵之美，不光体现在文字营造的意境中，也体现在词的韵调美中。“古诗新韵”中的“新韵”更是通过歌唱的方式将古诗词的意境、情感表达出来，词的声调和创作的旋律音调有相似之处，词与音乐紧密结合。奥尔夫在谈到他主张的音乐教育方式时曾说：“原本的音乐（Elemente）是什么呢，原本的音乐绝不只是单独的音乐，它是和动作、舞蹈、语言紧密结合在一起的。”（奥尔夫《学校儿童音乐教材》）语言作为人声，它与歌唱在生理上和发声原理上有许多共通的东西，如呼吸、吐字、音色的变化。语言包括语符、语义、语音（语调、语气）、语法等要素，而语气、语调这些要素，在某种程度上，与音乐音响构成的要素如音高、音长、音量、音色，甚至情绪的表现特征、风格都是相通的，甚至可以用语言的这些要素创造“音乐作品”。实际上，在歌唱训练中，就已经有运用语言作为准备的教学方法。语音、语调、语气等要素则发展成为具有音乐特征的、作为情绪的表露和交流的载体。

古诗词吟诵的方式似唱非唱，声调与字音有关，依词创作的旋律也与声调、字音有关，两者相辅相成，互为辅助，只为呈现最原本、原味的古诗中意境与情感。学生通过吟诵聆听比较，切身体会词曲音调的紧密结合。动作与音乐的结合，在奥尔夫的原本性音乐中也有提及，本环节学生运用纱巾来感受，表现旋律的高低起伏和旋律走向，用动作更好地体会音乐。

（三）学唱歌曲

1. 熟悉旋律

师：班级中有部分男生进入了变声期，唱歌和说话不要太大声，要注意保护好声带。这首歌曲的最高音对于变声期的同学有点费劲，我给大家降调用C调弹奏。下面请用“wu”母音随着我的琴轻声哼唱。

2. 轻声填词

师：填入歌词，依然用“wu”母音的感觉轻声填唱歌词，注意一字多音。

师：一边唱一边找找歌曲中是通过哪几处将情感推动起来的?

生回答有三处

师生归纳：每句旋律慢慢推上去又慢慢地回落，缓起缓落，柔起柔落，互相呼应，每个乐句的旋律走向都呈下行趋势，一种淡淡的忧伤，低低的叹息。

PPT呈现乐谱上三处大跳。

生将三处旋律大跳再练习一遍，师用柯尔文手势进行辅助。

3. 意境表达

师：用轻柔、优美的声音来演唱，每个字头可唱得稍“虚幻”而“柔美”些，体现“朦胧诗”的意境。

教师示范

师：演唱时注意歌曲中的力度、速度的变化，气息的运用，最后一句“去似朝云无觅处”渐弱和渐慢的处理，气息要控制好。

4. 完整演唱歌曲

教师播放教材中降调原速版的伴奏，强调演唱时歌曲意境的表达

学生演唱歌曲时，教师慢两拍加入卡农声部，形成二声合唱。

5. 卡农合唱

师：我的歌声加入像是什么？对，像是你们歌声的回音，听上去更朦胧、缥缈了，像很多声音在远远地唱，还记得我是第几拍进入的吗？好，请你们用卡农声部我们再来试一试。

生唱

师：目前我们有两次的二声部合作，一是：课一开始你们看手势唱旋律我加入《花非花》歌声；二是：刚才你们完整演唱歌曲，我加入了卡农声部，现在你们试试自己独立完成卡农歌曲《花非花》的演唱。

设计意图：歌曲为D大调，最高音为小字二组E，考虑六年级下学期部分学生进入变声期，声带保护适当降低音高，采用C调为学生伴奏。同时歌曲篇幅较短，解决几处大跳音准后，六年级的孩子很容易学唱及唱会。但单旋律及齐唱方式表现较为单一，为更好地感受古诗词歌曲《花非花》，通过试教我认为“卡农”比合唱（和声版）更适合表现。一是“卡农”横向性旋律思维更明显，在学生唱熟、唱准歌曲旋律基础上即可开展，合唱（和声版）很考验班级学生的音准及合唱能力，声部丰富但没基础的班级一节课呈现不出效果，声部设计过于简单又不能很好表现作品。二是《花非花》的意境描述很朦胧、梦幻、依依不舍和追忆，“卡农”这种声部追逐和回音声效很适合表现这首古诗词歌曲。所以最终采用“卡农”方式来丰富歌曲的演唱形式。

评析：多声部教学在奥尔夫音乐教育中，是非常重要的内容。多声部教学能使儿童一脑多用，通过学习与别人合作，培养和锻炼对自己的控制和把握能力，是一种培养学生具有高素质音乐素养的教学方式。奥尔夫的多声部训练先从轮说或轮唱（卡农）开始，这是一种有规律地先后唱同一首歌曲的多声部练习，形成不同节奏的声部叠置，造成一种此起彼伏，连绵不断的效果。也是奥尔夫所指的“适于开端”的多声部训练方法。

运用前思考：首先采用“卡农”的歌曲是一个熟悉或已掌握的作品，其次

用“卡农”，分为几个声部？每声部间隔几拍效果佳？最后采用“卡农”手法后，声部叠置能呈现较好的节奏对位或是作品音乐性表现更丰富。满足以上条件，本环节在学生准确、熟练、完整演唱歌曲《花非花》时，教师自然地慢两拍加入“卡农”，教师第二声部的歌声自始至终追随学生第一声部的歌声，相同旋律依次出现，追逐、回声、朦胧、缥缈，更恰当地用歌声表现《花非花》的惋惜和追念之情。

（四）拓展与探究

1. 表演形式讨论

师：歌曲《花非花》除了齐唱、二声部合唱外，还有其他的表现形式吗？

四个小组讨论，选择其中一组展示

如：吟诵+女声齐唱+朗诵+二声部合唱+男声朗诵最后两句（其间一名女生伴舞）

2. 作者介绍

《花非花》是音乐家黄自创作的艺术歌曲。黄自是我国20世纪30年代重要的作曲家、音乐教育家，培养了许多优秀的音乐人才，对我国早期音乐教育影像最大的奠基人之一，富有爱国情怀。主要作品有：管弦乐《怀旧》，清唱剧《长恨歌》，合唱曲《旗正飘飘》，艺术歌曲《思乡》《玫瑰三愿》等，还有之前教材上学习过的歌曲《踏雪寻梅》《西风的话》。

3. 对比聆听

师：同一首作品不同的演唱形式也会有不一样的感受，聆听过教材中的齐唱，现在分别欣赏混声合唱《花非花》和上海小荧星合唱团的童声合唱《花非花》。

播放聆听

设计意图：学生自己设计歌曲多样表现形式并进行展示，加深所学内容，更好地感受古诗与吟唱、古诗词歌曲的内在联系。同时拓展欣赏混声合唱、童声合唱等不同演唱形式所表现的不同效果，进一步体会不同版本的古诗“新韵”，激发学生的学习兴趣，感受民族音乐文化的不同特征，拓宽音乐文化视野，提高学生音乐素养。

评析：教师放手让学生自己设计歌曲多样的表现形式，实践检验课上所学，听觉、审美筛选最佳，这也是对学生音乐感受、审美及创造力的培养。听是音乐体验中必不可少的一环，同一部作品不同演唱形式，不同音色、不同声部叠置、不同风格等。丰富的“听”可以帮助每个孩子尽其所能地体验音响的表现力，也是音乐审美教育的一个重要手段，以“听”培养学生成为富有情感、有洞察力、有创造力的人。通过“听”对一部音乐作品的诸多音乐要素如速度、力度、音色、织体、情绪风格、结构等有直接感受。丰富的“听”更好地理解感受作品。

（五）结课

师：本单元标题是“古风新韵”，古风和新韵我们都感受到了，谁来说说新韵表现在哪些地方?

生1：采用歌唱形式来表现古诗词。

生2：用现代音乐创作手法表现古诗词。

师生归纳总结：新韵将古诗词的韵律采用音乐方式表现为古诗风歌曲，用歌声来表达诗中的情感，是用现代音乐创作手法表现古诗词。

师寄语：古典诗词是我国传统文化的瑰宝，它文辞优美兼具音乐性，音乐家通过现代作曲技法将中国传统文化的古典诗词与音乐完美地结合在一起，形成独具特色的中国民族音乐文化，让更多人尤其是孩子们学习了解中华民族文化，热爱民族音乐，希望同学们在今后的学习中不断体验与实践，成为中国音乐文化的传承者。

【名师点评】

王蓓蓓：高级教师，安徽省特级教师，合肥市小学音乐教师培训基地领衔名师、合肥市王蓓蓓小学音乐教育名师工作室领衔名师，合肥市音乐学科带头人。

翁丽老师执教的这一课，在奥尔夫音乐教学法的理念的指导下，突出了以下几个特点：多感官体验唤醒学生的音乐感知、多元策略朗读、聆听、吟诵、舞动纱巾、演唱、二声部合作、小组编创表演、拓展欣赏等手段，充分调动学生多种感官，吟、听、唱、动、编等联觉参与其中，加强学生的音乐感知力，更全面地理解、表现古诗词歌曲，也体现了奥尔夫理念的“原本性”；唱好歌曲唱会歌曲更重要，唱歌课无论策略手段如何，最重要的达成目标就是会唱、唱好。从《师生问好歌》中教师轻柔声音的引导到练声曲长音旋律的演唱、依据学情的降调唱，再到旋律走向分析、解决大跳音准、咬字吐字、情感表达等都是为了唱准歌曲的同时更恰如其分地去表现歌曲。古诗词是我国传统文化的瑰宝，音乐方式呈现的古诗词歌曲，在诗词韵律和音乐旋律中让聆听者感受到中华民族的经典，这是音乐教学的重要内容，让孩子们熟悉并热爱自己国家的音乐文化。奥尔夫强调音乐教学从本土文化出发，通过古诗词歌曲《花非花》的学习，更是将奥尔夫音乐教学法“本土化”的充分体现，在音乐学习中传承中华民族文化，将经典嵌在学生脑子里。

授课教师简介

翁　丽

一级教师，教龄13年，合肥市六安路小学中铁国际城校区音乐教师，合肥市小学音乐教师培训基地2020—2021学年学员，合肥市王蓓蓓小学音乐教育名师工作室成员。庐阳区“教学能手”。曾指导校合唱队获第六届中国童声合唱节银奖、“欢动北京”第七届国际青少年文化艺术节交流周合唱《太阳出来了》金奖、“红海滩杯”大连国际青少年文化艺术交流周合唱《爱是我的眼睛》金奖、合肥市第十届中小学文化艺术节声乐展演一等奖；编排“体艺2+1”节目《古韵今朝震雄风》荣获庐阳区特等奖；个人论文《浅谈课堂打击乐器在小学课堂中的有效运用》获区教学论文特等奖、微课《听辨二拍子和三拍子》获区微课评比一等奖、现场课《do re mi》获区中小学音乐课堂教学评比一等奖、2019年获区音乐教师基本功（合唱指挥）一等奖，《火车托卡塔》《公鸡母鸡》《龙里格龙》等多节音乐课被评选为“一师一优课”省、市、区级优课。

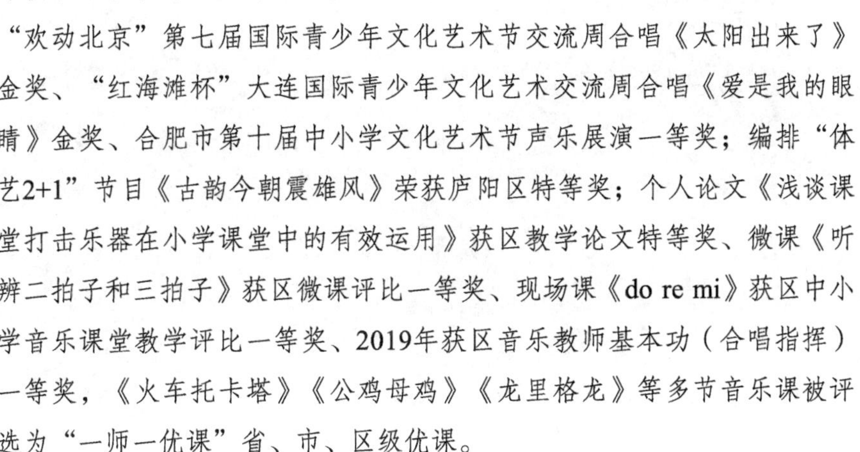